N S I N O

IMPRENSA DA UNIVERSIDADE DE COIMBRA
COIMBRA UNIVERSITY PRESS

EDIÇÃO
Imprensa da Universidade de Coimbra
Email: imprensa@uc.pt
URL: http//www.uc.pt/imprensa_uc
Vendas online: http://livrariadaimprensa.uc.pt

COORDENAÇÃO EDITORIAL
Imprensa da Universidade de Coimbra

CONCEPÇÃO GRÁFICA
António Barros

INFOGRAFIA DA CAPA
Carlos Costa

INFOGRAFIA
Mickael Silva

PRINT BY
CreateSpace

ISBN
978-989-26-1360-4

ISBN DIGITAL
978-989-26-1361-1

DOI
https://doi.org/10.14195/978-989-26-1361-1

DEPÓSITO LEGAL
431101/17

© SETEMBRO 2017, IMPRENSA DA UNIVERSIDADE DE COIMBRA

JOÃO TOLDA

PRINCÍPIOS DE ECONOMIA DA INOVAÇÃO

2.ª EDIÇÃO

IMPRENSA DA
UNIVERSIDADE
DE COIMBRA

COIMBRA
UNIVERSITY
PRESS

Agradecimentos

O autor agradece as observações, questões e recomendações colocadas pela arbitragem científica anónima, que antecedeu a publicação da primeira edição deste livro, as quais suscitaram esclarecimentos e acrescentamentos que foram introduzidos no texto final.

SUMÁRIO

INTRODUÇÃO 9

I. ATIVIDADES EMPRESARIAIS E CAPACIDADES INOVADORAS 13

    1. VETORES DE ANÁLISE FUNDAMENTAIS 14

        1.1. Determinantes económicos de substituições de fatores produtivos materiais 14

        1.2. Aprendizagens de conhecimentos e inovação empresarial 20

    2. I&D, RELAÇÕES ORGANIZACIONAIS E ESTRATÉGIAS DE INOVAÇÃO 25

        2.1. A análise «schumpeteriana» 26

        2.2. Relações organizacionais da I&D 30

        2.3. Pluralidade e condicionalismos das estratégias empresariais de inovação 34

            2.3.1. Dimensão das empresas, estruturas de mercados e especificidades setoriais 34

            2.3.2. Componentes estratégicas e correntes das capacidades inovadoras 39

II. INOVAÇÃO, CRESCIMENTO ECONÓMICO E EMPREGO 43

    1. INOVAÇÃO E CRESCIMENTO ECONÓMICO 44

        1.1. Análises baseadas em conceções lineares 44

            1.1.1. A incorporação do progresso técnico em fatores produtivos materiais 44

            1.1.2. A difusão de inovações assente na procura de novos bens materiais 50

            1.1.3. A difusão de inovações determinada pela oferta de novos bens imateriais 54

        1.2. A perspetiva evolucionista sobre dinâmicas de longo prazo 58

    1.2.1. Sistemas de inovação e paradigmas do desenvolvimento tecnológico 59

    1.2.2. A evolução de ondas longas e o atual contexto tecnológico 62

2. DINÂMICAS INOVADORAS E EMPREGO 70

    2.1. Duas perspetivas «ricardianas» sobre o impacto da mecanização no emprego 70

    2.2. Inovação e evolução do emprego: os múltiplos níveis de uma relação complexa 72

III. INTERNACIONALIZAÇÃO, ESPAÇOS E CAPACIDADES INOVADORAS 79

1. COMÉRCIO INTERNACIONAL E FATORES INTERNOS DE COMPETITIVIDADE DAS ECONOMIAS 80

    1.1. A relevância de fatores predominantemente materiais 81

    1.2. Efeitos dinâmicos da inovação 85

2. ESPECIFICIDADES ESPACIAIS E INOVAÇÃO 91

    2.1. O espaço nacional como referência 92

    2.2. Proximidades geográficas e dinâmicas inovadoras 96

        2.2.1. Economias de aglomeração e desenvolvimento industrial 96

        2.2.2. Fatores de inovação dos espaços locais e regionais 98

IV. POLÍTICAS PÚBLICAS E AVALIAÇÃO DAS CAPACIDADES DE INOVAÇÃO ...107

1. POLÍTICAS PÚBLICAS E SISTEMAS DE INOVAÇÃO 108

    1.1. Elementos analíticos de referência 108

    1.2. Políticas de apoios pontuais à I&D 111

    1.3. Programas de I&D e desenvolvimento de sistemas de inovação ...114

2. AVALIAÇÃO E ANÁLISE DE CAPACIDADES INOVADORAS 119

    2.1. Indicadores elementares e «innovation surveys» 119

    2.2. Indicadores compostos e análise dos sistemas de inovação 122

        2.2.1. Indicadores compostos e avaliação de capacidades inovadoras: vantagens e condicionalismos 122

        2.2.2. Avaliação e análise dos sistemas de inovação 127

CONCLUSÃO 131

BIBLIOGRAFIA 135

INTRODUÇÃO

As expressões «sociedade da informação», «economia do conhecimento» ou «era da incerteza» são, frequentemente, utilizadas para se identificar, muito sinteticamente, a caraterística nuclear do modelo económico e social que se tornou dominante nos últimos trinta anos; no entanto, é muito provável que a expressão «economia da inovação» seja mais adequada para esse tipo de caraterização muito sumária. Desde logo, porque inovar é uma prática que integra e promove os aspetos destacados pelas outras três expressões referidas. Com efeito, uma inovação tem subjacente a criação, ou utilização, incerta de conhecimentos e de informações que têm uma natureza incerta: o complexo conhecimento, a abundante informação e a profunda incerteza que caraterizam a sociedade atual estão associadas à intensa dinâmica inovadora recente e resultam, em grande medida, desta dinâmica. Esta dinâmica expressa-se, sob vários aspetos, em diversos domínios da atividade económica: na alteração e na expansão das caraterísticas de produtos e de processos produtivos já existentes, na criação de novos produtos e de novos processos, na invenção de novos materiais, na construção de novos modelos de organização das empresas e das economias nacionais ou regionais, na emergência de novos valores culturais, de novas práticas de consumo e de novas regras de regulação das relações internacionais. Neste contexto, a viabilidade, ou a competitividade, de uma empresa e de uma economia depende da respetiva capacidade inovadora, que se assume, assim, como um fator fundamental do crescimento económico.

No entanto, apesar da expressiva dinâmica de inovação observada nos últimos trinta anos, tem-se registado, ao longo deste período, um crescimento económico muito incerto e bastante menos intenso do que o observado durante os «trinta gloriosos anos» que se seguiram à Segunda Guerra Mundial. A análise de circunstâncias como estas é uma das preocupações centrais de uma área da ciência económica que tem vindo a ganhar autonomia e relevância recentemente: a economia da inovação, cujo objetivo específico consiste em estudar as relações entre a atividade económica e o desenvolvimento dos conhecimentos que podem ser utilizados nessa atividade[1]. Embora esta área tenha ganho mais visibilidade e autonomia nos últimos anos, a preocupação em compreender as relações entre o desenvolvimento da economia e dos conhecimentos tem uma longa tradição na história do pensamento económico.

Com efeito, o reconhecimento da importância dessas relações está presente nos primeiros três capítulos da *Riqueza das Nações* e, em particular, quando Adam Smith considera que: a divisão de trabalho industrial facilita a aprendizagem de conhecimentos e permite, por esta via, melhorar a produtividade dos trabalhadores; o desenvolvimento das máquinas é o resultado dos conhecimentos dos utilizadores e dos produtores dessas máquinas, assim como dos "‹philosophers or men of speculation› [, que, por] nada fazerem e tudo observarem, conseguem combinar aptidões de objetos muito distantes e diferentes" (Smith, 1776: 21). Estas ideias contêm, em estado embrionário, duas agendas de investigação da ciência económica: uma refere-se à influência da divisão do trabalho (ou, em termos mais gerais, do tipo de experiência produtiva) no desenvolvimento tecnológico e económico; a outra diz respeito às relações entre a atividade

---

[1] A análise económica das dinâmicas inovadoras é designada através das denominações "economia da inovação tecnológica" e "economia da inovação": a primeira expressão pode ser utilizada para evidenciar que tais dinâmicas são particularmente influenciadas pela introdução de novas tecnologias mais materiais na atividade produtiva, enquanto a segunda pode ser utilizada para expressar a ideia de que essas dinâmicas inovadoras dependem de aspetos organizacionais e institucionais com uma natureza mais imaterial. Por considerarmos que o estudo sobre a introdução de novas tecnologias na atividade produtiva é um ponto de partida importante para a análise das dinâmicas inovadoras das economias e, complementarmente, que o sentido das relações entre os fatores tecnológicos e as dinâmicas económicas depende, em grande medida, de aspetos organizacionais e institucionais, entenderemos, neste livro, que os significados das denominações "economia da inovação tecnológica" e "economia da inovação" podem ser tratados como equivalentes.

produtiva e a atividade científica (ou, em termos mais particulares, entre a inovação empresarial e a investigação fundamental).

Nos duzentos anos que se seguiram à primeira edição dessa obra de Adam Smith, prestigiados representantes de correntes muito diferentes do pensamento económico realizaram trabalhos relevantes para o desenvolvimento de cada uma das referidas agendas: a análise de Alfred Marshall sobre o impacto da concentração empresarial no desenvolvimento de aprendizagens coletivas de conhecimentos; a perspetiva de Friedrich List sobre a relevância de fatores imateriais, como a educação e a ciência, no desenvolvimento das economias nacionais, entendidas como sistemas; a conceção de Thorstein Veblen sobre a importância dos aspetos institucionais na evolução da atividade económica; as teses de Joseph Alois Schumpeter, sobre a relação entre inovação empresarial e evolução do sistema capitalista. Todavia, durante esses duzentos anos, estes trabalhos não foram integrados numa perspetiva global promotora das complementaridades entre as referidas agendas, e, na corrente dominante do pensamento económico, a inovação foi tratada como um conjunto de mudanças técnicas analisadas, essencialmente, com base em alterações materiais da função de produção provocadas por variações de custos ou de preços.

Só a partir da década de 1980, e em grande medida como resultado da crescente consciência sobre a intensidade cada vez maior dos processos de inovação e a natureza complexa e incerta das relações entre esses processos e a atividade económica, se tem promovido, no âmbito de conceções sistémicas e evolucionistas, a «fertilização cruzada» das duas agendas de investigação contidas no trabalho de Adam Smith. Assim, as relações entre a atividade económica e o desenvolvimento de conhecimentos têm vindo a ser analisadas como elementos de um processo mais amplo de mudanças tecnológicas, organizacionais, institucionais e sociais: deste modo, a perspetiva unidimensional sobre o desenvolvimento dos conhecimentos que estava subjacente à economia da mudança técnica, enquanto área subsidiária do pensamento económico dominante nos três primeiros quartéis do século vinte, tem cedido lugar a um entendimento multidimensional sobre a evolução dos conhecimentos e à afirmação da economia da inovação, enquanto área específica da ciência económica do século vinte e um.

Este livro pretende identificar os princípios de análise da economia da inovação e, por esta via, fornecer elementos que permitam, por um lado, compreender o atual contexto tecnológico e, por outro, refletir sobre o conteúdo e o desenvolvimento da própria economia da inovação e sobre as relações entre esta área de especialização e a ciência económica em que se integra. Assim, os quatro capítulos que se seguem começam por evidenciar caraterísticas particularmente representativas do atual contexto tecnológico e desenvolvem-se com o propósito de se construir um quadro interpretativo das relações entre a inovação e essas caraterísticas. Em termos concretos, relaciona-se a inovação com a centralidade da atividade empresarial e as relações organizacionais subjacentes a essa atividade (no capítulo 1), a dinâmica turbulenta do crescimento económico e do emprego (no capítulo 2), a relevância das identidades espaciais e o processo de internacionalização (no capítulo 3) e a necessidade de políticas públicas e de avaliação das capacidades de inovação (no capítulo 4). A partir da demonstração dos limites de abordagens convencionais para explicar essas relações, são definidos os princípios de análise da economia da inovação; complementarmente, são indicados, nos vários capítulos, temas mais amplos da ciência económica, em que aquelas relações se inserem, que poderão, por isso, ser melhor conhecidos com o contributo da economia da inovação. As reflexões elaboradas ao longo dos quatro capítulos referidos conduzem a uma conclusão, onde se identificam, de forma necessariamente agregada, elementos analíticos fundamentais e pistas de desenvolvimento da economia da inovação.

I. ATIVIDADES EMPRESARIAIS E CAPACIDADES INOVADORAS

É consensual a ideia de que a dinâmica das diferentes economias depende, em grande medida, das respetivas capacidades inovadoras, nomeadamente das respetivas competências para criarem novos produtos ou novos processos produtivos, modificarem produtos ou processos existentes, inventarem novos materiais, reestruturarem organizações ou criarem novos valores culturais, novas práticas de consumo ou novas regras de regulação das relações organizacionais. A criatividade humana é, sem dúvida, o fator mais importante do potencial inventivo que está subjacente a essas diferentes inovações. Todavia, com a crescente complexidade da sociedade, das correspondentes lógicas de funcionamento e dos conhecimentos utilizados, as súbitas e inesperadas invenções individuais, caraterísticas de momentos «eureca» ou de epifanias, estão cada vez menos na origem das inovações mais recentes: a criação e a sustentação de qualquer das inovações referidas realizam-se através das atividades de organizações e, muito em particular, de empresas. As empresas constituem, portanto, unidades fundamentais da emergência e sustentação da capacidade inovadora das economias.

Este primeiro capítulo é, por isso, dedicado ao estudo das relações entre a atividade produtiva das empresas e a respetiva capacidade inovadora: com base na apreciação crítica dos dois principais vetores de análise das mudanças técnicas empresariais (secção 1), estudaremos as relações entre as atividades de investigação e desenvolvimento experimental (I&DE e, mais abreviadamente, I&D), as dinâmicas organizacionais e as capacidades inovadoras das empresas (secção 2). O tratamento destes aspetos pode também contribuir para esclarecer uma questão mais vasta da ciência económica: quais os fatores e a amplitude dos comportamentos empresariais?

1. Vetores de análise fundamentais

As análises económicas das inovações empresariais têm sido desenvolvidas segundo vetores diversos que podem ser integrados em duas perspetivas muito distintas: uma apresenta as mudanças técnicas como sendo, essencialmente, alterações nas combinações de fatores produtivos determinadas por aspetos materiais relacionados com as quantidades, os custos e os preços desses fatores (subsecção 1.1); a outra perspetiva relaciona as dinâmicas empresariais com o modo como evoluem elementos com uma natureza mais imaterial inerentes aos processos de aprendizagem de conhecimentos (subsecção 1.2); pretendemos demonstrar que a primeira perspetiva conduz a uma explicação redutora das dinâmicas de inovação empresarial e que o estudo sobre as aprendizagens de conhecimentos fornece uma base mais sólida para a compreensão geral dos sentidos de tais dinâmicas.

1.1. Determinantes económicos de substituições de fatores produtivos materiais

Uma primeira aproximação ao modo como a inovação empresarial é analisada na perspetiva económica convencional é dada pelas relações que tendem a estabelecer-se, segundo essa perspetiva, entre produtividades e preços dos fatores produtivos, custos de produção e dinâmicas empresariais. Assim, admitamos que, existindo inicialmente uma igualdade entre as produtividades marginais por unidade monetária do capital e do trabalho utilizados numa empresa, a produtividade marginal do trabalho diminui ou o preço deste fator aumenta, permanecendo constante a produtividade marginal por unidade monetária do capital[2].

---

[2] Se uma empresa utiliza, como fatores produtivos, o capital (K) e o trabalho (L) para fabricar N produtos, a produtividade (média) de um fator é a quantidade de produtos que

Segundo a perspetiva económica convencional, a empresa vai contrariar o aumento dos seus custos gerado por tais alterações, utilizando menos trabalho e mais capital. De acordo com duas muito conhecidas «leis» da teoria económica, essa substituição do trabalho pelo capital conduz a dois tipos de variações que se fazem sentir com sentidos diferentes nos dois fatores produtivos: pela «lei da produtividade marginal decrescente» (segundo a qual, a produtividade marginal de um fator diminui com o aumento da quantidade utilizada desse fator), a produtividade marginal do capital passa a decrescer e a produtividade marginal do trabalho a crescer; pela «lei da procura» (segundo a qual, o preço de um bem aumenta com o aumento da respetiva procura), o preço do capital passa a aumentar e o preço do trabalho a diminuir. Estas alterações das quantidades, das produtividades marginais e dos preços dos fatores ocorrem até se voltarem a igualar as produtividades marginais por unidade monetária de ambos os fatores, ponto este que corresponde a um equilíbrio em que se atinge um custo mínimo e em que não se justifica qualquer substituição de um fator pelo outro. Deste modo, a dinâmica empresarial tende a realizar-se através de diferentes combinações dos fatores (consoante as quantidades, as produtividades marginais e os preços desses fatores) que conduzem a situações de equilíbrio ótimas, onde os custos de produção são mínimos e das quais só se sai temporariamente, se houver alterações nas quantidades, produtividades marginais ou preços dos fatores.

A relação entre estas variações tendenciais (entre produtividades e preços dos fatores produtivos, custos de produção e dinâmicas empresariais) e o sentido do progresso técnico está no centro do debate entre Salter, Hicks e Kennedy. As diferentes análises destes autores têm subjacente a ideia de que o progresso técnico permite melhorar a produtividade dos fatores produtivos e, consequentemente, produzir mais com o mesmo

---

a empresa fabrica, em média, com uma unidade desse fator; a produtividade marginal desse fator é o produto adicional obtido com uma unidade adicional desse fator, mantendo constante o outro fator; para comparar as produtividades marginais de fatores com naturezas diferentes, calcula-se a produtividade marginal por unidade monetária de cada fator, que corresponde à divisão do valor da produtividade marginal de cada fator pelo preço desse fator.

número de fatores, como se tivesse havido um aumento dos fatores [o chamado efeito «aumento de fatores» (*«factor-augmenting»*)] ou produzir o mesmo com um menor número de fatores [o que corresponde ao efeito «economia de fatores» ou «poupança de fatores» (*«factor-saving»*)].

Assim, Salter (1969: 43-44) defende que o principal objetivo dos empresários é reduzir os custos totais, e não o custo de um fator produtivo em particular; por isso, se houver um aumento dos custos do trabalho, qualquer técnica ou solução que permita reduzir o custo total é bem-vinda, sendo irrelevante se ela se basear numa poupança do trabalho ou do capital. Opiniões diferentes são desenvolvidas por Hicks e por Kennedy, que, destacando aspetos distintos relacionados com os preços dos fatores, contribuem para alargar os parâmetros de análise dos determinantes económicos das mudanças técnicas empresariais.

Partindo da ideia de que o surgimento de invenções (e, consequentemente, a criação de novos conhecimentos subjacentes e o aproveitamento económico de inovações correspondentes) pode ter ou não origem na atividade económica, Hicks (1966: 125-127) distingue «invenções autónomas» de «invenções induzidas»: as primeiras não têm origem em razões de natureza económica, enquanto as segundas destinam-se a economizar o fator produtivo com um maior preço relativo. Assim, se um fator se torna relativamente mais caro, o empresário está interessado em promover invenções (induzidas) que permitam obter novas técnicas que reduzam a utilização desse fator: em termos genéricos, o progresso técnico empresarial evoluirá no sentido de economizar o trabalho (*«labour-saving»*) ou o capital (*«capital-saving»*), consoante o preço do trabalho for, respetivamente, superior ou inferior ao do capital[3].

---

[3] Se a quantidade de capital por unidade de trabalho é maior na empresa X do que na empresa Y, o capital é relativamente mais abundante em X, e o trabalho é relativamente mais abundante em Y. Considerando, por um lado, que, quanto maior é a quantidade de um fator, menor tende a ser a respetiva produtividade marginal e o respetivo preço, e definindo, por outro, as divisões entre o preço de cada unidade de capital (r) e de cada unidade de trabalho (w) como os preços relativos do capital (r/w) e do trabalho (w/r), então o preço relativo do capital é menor em X que em Y (e o preço relativo do trabalho é maior em X que em Y). Segundo a perspetiva de Hicks, os empresários promoverão invenções que economizem trabalho, em X, e capital, em Y, ou que utilizem mais capital, em X, e mais trabalho, em Y.

Por seu lado, Kennedy (1964: 541-547) considera que as escolhas técnicas dos empresários são determinadas pela importância relativa (ou peso percentual) de cada fator nos custos totais da produção e defende que as mudanças de técnicas destinam-se a poupar mais o fator que tem uma maior importância relativa nos custos de produção. Nesta perspetiva, o progresso técnico empresarial evoluirá no sentido de economizar mais o trabalho («*labour-saving*») ou mais o capital («*capital-saving*»), consoante o peso relativo do trabalho nos custos totais de produção for, respetivamente, maior ou menor que o do capital. Por conseguinte, o aumento do preço relativo de um fator não é, por si só, um determinante económico da mudança técnica empresarial; esse aumento conduzirá a tal mudança se o peso relativo desse fator nos custos de produção for, ou passar a ser, relativamente maior que o peso do outro fator. Reconhecendo ainda que as combinações técnicas disponíveis na economia não são infinitas e recorrendo à lógica subjacente aos conceitos de fronteira de possibilidades de produção e de fronteira de possibilidades de utilidade, Kennedy utiliza uma função (ou fronteira) de possibilidades de inovação para representar, graficamente, o menu das opções técnicas dos empresários; no entanto, não chegam a ser explicadas a natureza, a configuração nem a suposta universalidade da curva, com declive negativo, utilizada para identificar tais limites.

Das análises que acabámos de identificar, interessa reter, desde já, duas ideias particularmente importantes: i) partindo da distinção de Hicks sobre invenções autónomas e invenções induzidas, podemos distinguir inovações induzidas ou economicamente endógenas de inovações autónomas ou economicamente exógenas, consoante estamos perante aplicações de novos conhecimentos gerados, ou não, a partir da atividade económica; ii) o reconhecimento, ainda que vago, de Kennedy de que as inovações empresariais não são infinitas dá conta da existência de limites para a realização das capacidades inovadoras. No entanto, os problemas económicos que, para Kennedy, determinam as inovações (endógenas) circunscrevem-se a relações entre preços de fatores e custos de produção (reduzindo-se às relações entre preços de fatores, em Hicks, e à minimização de custos totais, em Salter) e resolvem-se, para qualquer destes três autores, através de substituições de fatores produtivos materiais. Estas substituições são tratadas como se tais fatores fossem independentes e como se as decisões que conduzem a tais substituições assentassem em racionalidades perfeitas e conduzissem a soluções ótimas: estas racionalidades perfeitas e estas soluções ótimas são absolutas, em Hicks e em Salter, ou condicionadas por uma restrição cuja natureza não chega a ser explicada, como acontece no reconhecimento difuso que Kennedy tem sobre os limites das possibilidades de inovação. A fragilidade inerente a estas conceções sobre a inovação empresarial é visível em diversos domínios.

É, desde logo, bastante limitado apresentar a redução de custos (totais ou relativos) como aspeto determinante das mudanças técnicas empresariais, pois as empresas são organizações com objetivos diversificados nem sempre compatíveis entre si nem redutíveis a um único parâmetro que possa ser considerado como o fator determinante nas diferentes fases da vida de uma empresa. Assim, a introdução de novas técnicas está, frequentemente, relacionada com objetivos que, como o de consolidar (ou de expandir ou de diversificar) a atividade empresarial, nem sempre são compatíveis com o objetivo de reduzir custos; também a preocupação em resolver potenciais conflitos que surjam entre os diversos objetivos da empresa ou entre os objetivos dos diversos departamentos da empresa pode ter uma relevância maior que a mencionada preocupação em reduzir custos. É ainda redutor considerar o capital e o trabalho como recursos independentes e substituíveis entre si, quando, na realidade, existem complementaridades entre estes recursos que condicionam o nível de produção que pode ser obtido.

Para além de estarem relacionadas com objetivos diversificados e com fatores produtivos complementares, as escolhas técnicas empresariais dependem de vários condicionalismos internos e externos à atividade das empresas. Entre os «condicionalismos internos» às empresas, incluem-se o nível de competências e a natureza limitada da própria racionalidade dos indivíduos, os hábitos individuais e coletivos existentes e as caraterísticas estruturais dessas organizações; um condicionalismo mais «externo» às empresas é a natureza complexa e incerta do contexto envolvente dessas organizações. As escolhas técnicas empresariais realizam-se, portanto, através de práticas que envolvem erros e de tentativas para corrigir esses erros, sendo irrealista o pressuposto de que tais práticas assentam numa racionalidade perfeita ou conduzem a soluções ótimas. Os condicionalismos da racionalidade humana são muito evidentes quando os fatores «externos» ou «ambientais» são muito incertos, nomeadamente quando se trata de fazer escolhas, como acontece atualmente, entre diferentes utilizações de conhecimentos complexos e muito dinâmicos.

As técnicas de produção não podem, portanto, ser reduzidas, como acontece nas propostas de análise anteriormente referidas, a combinações simples de fatores produtivos materiais independentes: uma técnica de produção é, essencialmente, a integração de conhecimentos científicos e tecnológicos em fatores que participam, de forma complementar e interativa, num processo de produção. Por isso, a escolha de uma técnica não depende apenas de um confronto entre as quantidades e os preços de aquisição de cada fator e os custos produtivos que poderão ser economizados com essa aquisição: a escolha de uma técnica depende, essencialmente, do confronto entre os conhecimentos integrados nessa técnica e os conhecimentos dos utilizadores dessa técnica. Em termos mais concretos, a escolha e a viabilidade de uma nova técnica empresarial depende das relações dinâmicas que se estabelecem entre os conhecimentos integrados nas novas tecnologias e as competências dos recursos humanos empresariais: é absolutamente fundamental, por um lado, conhecer as caraterísticas e o potencial de desenvolvimento dos conhecimentos de uma tecnologia e, por outro lado, saber se os recursos humanos de uma empresa têm competências que lhes permitam utilizar e desenvolver essa tecnologia; a análise destas questões é particularmente importante no momento presente em que os conhecimentos integrados nas tecnologias produtivas são muito complexos e interdependentes.

Em síntese, as análises (endogeneizações) económicas das mudanças técnicas empresariais propostas pelos três autores referidos acabam por ser bastante limitadas: não permitem relacionar a evolução da atividade económica empresarial no seu conjunto e das tecnologias específicas empregues nessa atividade e conduzem à ideia errada de que o conhecimento inerente a essas mudanças é um bem público relativamente livre e exógeno à atividade económica. Com base no estudo sobre o modo como evoluem as relações entre as dinâmicas organizacionais e as aprendizagens de conhecimentos inerentes ao progresso técnico, procuraremos identificar vetores de análise mais consistentes sobre as relações entre a atividade empresarial e as capacidades inovadoras.

1.2. Aprendizagens de conhecimentos e inovação empresarial

A análise das relações entre as aprendizagens de conhecimentos e o desenvolvimento da atividade empresarial é uma das principais áreas de estudo da perspetiva evolucionista da economia da inovação, em que se integra a obra de Nelson e de Winter (1982). Segundo esta perspetiva, as empresas são sistemas sociais que integram práticas e conhecimentos individuais em atividades produtivas e aprendizagens coletivas que permitem criar, utilizar, desenvolver e renovar os conhecimentos suscetíveis de ser aplicados nessas atividades empresariais. A conversão das práticas individuais em aprendizagens coletivas realiza-se com base em relações complexas e dialéticas onde se confrontam fatores conducentes à tendencial estabilização dos conhecimentos com fatores favoráveis à renovação desses conhecimentos.

A tendencial estabilização dos conhecimentos

Através do funcionamento das empresas, as práticas e aptidões individuais são institucionalizadas sob a forma de rotinas, as quais constituem conjuntos fortemente estruturados de «reações habituais» que se traduzem em modelos de comportamento regular e previsível. As rotinas em que assenta a atividade das empresas têm simultaneamente uma dimensão reguladora e uma dimensão cognitiva. Por um lado, ao proporcionarem o estabelecimento de códigos de comunicação específicos, as rotinas permitem: a) reduzir a quantidade de informação de que necessitam os indivíduos envolvidos na atividade das empresas; b) integrar organizacionalmente esses indivíduos de modo a estabelecerem-se pactos entre interesses conflituantes e a agregarem-se ações que, na ausência de um quadro comum, permaneceriam pontuais. Por outro lado, como através das rotinas se memorizam e organizam programas de resolução dos problemas, essas regras constituem dispositivos cognitivos coletivos que permitem corrigir erros e consolidar o campo da aprendizagem organizacional; esta aprendizagem organizacional tem uma natureza indivisível, sendo superior à simples soma das aprendizagens dos indivíduos ou grupos que constituem a organização.

Muitos conhecimentos incorporados nas rotinas empresariais são tácitos, específicos e complexos. As memórias de tais conhecimentos são ativadas sem uma plena consciência dos diversos pormenores relacionados com a sua aplicação prática, tornando-se difícil ou impossível identificar e transmitir, de forma codificada, todos esses detalhes. Estes conhecimentos não são adquiridos instantaneamente, como se fossem mercadorias: são construídos, de forma cumulativa, através de práticas informais realizadas durante períodos de tempo longos e tendem a auto-reproduzir-se com a preservação das suas caraterísticas essenciais. Também os conhecimentos formalmente codificados e facilmente transmissíveis se desenvolvem segundo processos cumulativos que tendem a reforçar-se ao longo do tempo.

Em face destes fatores, as rotinas empresariais, enquanto institucionalizações de práticas e hábitos, tendem a reforçar e a tornar duravelmente estáveis tais práticas e hábitos, criando condições para que os comportamentos do passado se reproduzam no futuro. Em virtude desta função das rotinas — análoga à que os genes desempenham na evolução biológica —, existe uma tendência para se criarem inércias e bloqueios organizacionais que dificultam a renovação dos conhecimentos utilizados; deste modo, a aprendizagem organizacional, sendo um processo destinado a ultrapassar uma ignorância inicial, conduz a uma nova ignorância. Apesar desse encaminhamento tendencial, não deixa de haver lugar para práticas propícias à criação de novos conhecimentos e à realização da mudança organizacional. O estudo dos mecanismos de aprendizagem através dos quais se renovam os conhecimentos ocupa, por isso, uma importância central para se compreender o modo como se realiza a inovação das empresas.

A renovação dos conhecimentos

Embora condicionados pelos hábitos e pelos limites da própria racionalidade, os agentes empresariais possuem graus de liberdade para fazerem escolhas e porem em prática ações irredutíveis a qualquer tipo de determinismo automático. O exercício dessa liberdade expressa-se, ao longo do tempo, através de uma alteração de propósitos e de práticas segundo encaminhamentos que não podem ser determinados antecipadamente. Por conseguinte, nos comportamentos dos atores económicos, existem, a par de forças que tendem a conduzir à inércia e ao bloqueio, espaços de liberdade que podem ser aproveitados para pesquisar conhecimentos diferentes e originar modos de funcionamento organizacional inovadores. Esse aproveitamento realiza-se através de interações com as rotinas existentes. Estas interações efetuam-se segundo um processo evolucionista «*lamarckiano*» baseado na «hereditariedade adquirida», através das rotinas existentes, e no surgimento de variações geradas pela pesquisa de novas rotinas[4].

A capacidade de uma empresa para utilizar novas técnicas produtivas depende, portanto, do confronto que se verificar entre os conhecimentos e as rotinas existentes nessa empresa com os conhecimentos integrados nas novas técnicas. Este confronto pode conduzir ao desenvolvimento

---

[4] Pode-se considerar, numa primeira abordagem, a seguinte distinção entre as conceções evolucionistas de Jean-Baptiste Lamarck e de Charles Darwin: o «lamarckismo» sublinha o contributo de mecanismos culturais, como modificações comportamentais e respetiva transmissão, para melhorar a relação dos seres com o ambiente, alterando as caraterísticas desse ambiente e realizando processos adaptativos específicos; o «darwinismo» destaca a importância de mecanismos biológicos de variação, seleção e transmissão subjacentes à adaptação dos organismos a modificações aleatórias do ambiente. A eventual compatibilização das perspetivas destes dois autores nas análises sobre a evolução de dinâmicas inovadoras é uma via de investigação inexplorada, polémica e promissora. Com o objetivo de aplicarem esses princípios ao estudo da evolução social, Hodgson e Knudsen (2010: 65 e 83-85) reconhecem que os quadros de análise darwinista e lamarckiano não se excluem, mas defendem que o primeiro destes quadros é mais aplicável no domínio social, embora pareça pouco fundamentada a subvalorização que fazem do segundo.

cumulativo dos conhecimentos utilizados na empresa ou à substituição desses conhecimentos. O primeiro caso corresponde à adição de conhecimentos novos, com uma natureza marginal ou incremental, aos conhecimentos existentes na empresa: a inovação da empresa ocorre no âmbito de um processo contínuo de consolidação e expansão das tecnologias e das rotinas existentes. No segundo caso, os novos conhecimentos tecnológicos tornam obsoletos os conhecimentos habituais da empresa, que, por isso, são substituídos, radicalmente, pelas novas tecnologias e por novas rotinas: a inovação da empresa verifica-se, agora, no âmbito de uma rutura conducente à emergência e progressiva consolidação de novas racionalidades, de novas rotinas e de novos conhecimentos.

O nível de competências dos recursos humanos de uma empresa condiciona, em larga medida, a maior ou menor capacidade dessa empresa para «antecipar» as inovações tecnológicas e a maior ou menor natureza radical das inovações dessa empresa. Porém, os espaços de liberdade cognitiva e de pesquisa não são infinitos, não só porque a racionalidade humana é intrinsecamente limitada, mas também porque a intensidade das pesquisas é condicionada pelo menu de alternativas contido nas rotinas. Este menu e as aptidões cognitivas dos atores económicos constituem, portanto, vetores que suportam e influenciam a capacidade para renovar os conhecimentos e introduzir novas técnicas; uma limitada ou muito estreita base de conhecimentos de uma empresa tenderá a reduzir o número e a intensidade das práticas de experimentação e dos processos de inovação.

A capacidade para alargar essa base de conhecimentos e realizar mudanças técnicas também se constrói através das relações que se estabelecem entre as diversas organizações envolvidas nas dinâmicas de inovação empresarial. Com efeito, as fontes da inovação de uma empresa não se circunscrevem ao que se passa no interior dessa empresa: o potencial inovador das suas fontes «internas», como os seus recursos humanos e as suas rotinas, depende muito dos seus relacionamentos com outras organizações que participam na pesquisa e desenvolvimento de conhecimentos científicos e tecnológicos que poderão ser utilizados pela empresa. O contributo destes relacionamentos para o desenvolvimento da capacidade inovadora da empresa depende, não só das competências e das rotinas da própria empresa e das organizações externas a essa empresa, mas também dos conteúdos próprios das interações que se estabelecem entre estas organizações: recursos humanos com competências frágeis, rotinas organizacionais rígidas ou relacionamentos interorganizacionais precários condicionam-se entre si e constrangem a inovação empresarial; recursos humanos com elevadas competências, rotinas organizacionais flexíveis ou relacionamentos interorganizacionais consistentes são fatores tendencialmente favoráveis ao desenvolvimento de qualquer destes aspetos e à inovação empresarial.

O desenvolvimento das capacidades inovadoras das empresas realiza-se, assim, dentro de fronteiras delimitadas, essencialmente, pelas competências e rotinas caraterísticas dos recursos e dos relacionamentos internos e externos dessas empresas. Utilizando com alguma liberdade o conceito de «fronteira de possibilidades de inovação», podemos dizer que os limites das capacidades inovadoras das empresas não são representáveis numa única fronteira universal e estática: seria necessário considerar, pelo menos, diversas fronteiras que representariam os desiguais limites de distintos padrões de desenvolvimento empresarial e que se alterariam, ao longo do tempo, em função do modo como evoluíssem as fontes internas e externas das capacidades inovadoras das empresas; complementarmente, não havendo qualquer tensão, nem o relacionamento negativo típico dos *«tradeoffs»* subjacentes à substituição de fatores, também os referidos limites não seriam representados por curvas com inclinação negativa.

Em síntese, a análise dos processos relacionados com a aprendizagem de conhecimentos permite reter a ideia de que dois dos mais importantes fatores das capacidades inovadoras das empresas são as respetivas competências para pesquisar e aprofundar conhecimentos e a qualidade das correspondentes relações organizacionais. Ora, como uma das caraterísticas mais marcantes do atual contexto tecnológico é a crescente complexidade dos conhecimentos utilizados pelas empresas, é de admitir que as atividades de I&D adquiram uma relevância particularmente expressiva como fontes da inovação empresarial. Interessa, por isso, conhecer as relações entre a I&D, as dinâmicas organizacionais e o desenvolvimento das capacidades inovadoras das empresas.

2. I&D, relações organizacionais e estratégias de inovação

De acordo com o Manual de Frascati, documento da OCDE regulador da recolha estatística sobre as atividades de I&D, estas atividades abrangem diversas práticas que criam novos conhecimentos ou utilizam os conhecimentos existentes para chegar a novas aplicações, sendo tais práticas classificadas em três tipos: investigação fundamental, investigação aplicada e desenvolvimento experimental. As atividades de investigação (fundamental ou aplicada) criam novos conhecimentos: sobre os fundamentos de fenómenos e fatos observáveis e sem um objetivo prático específico, no caso da investigação fundamental, ou com uma finalidade prática predeterminada, no caso da investigação aplicada. As atividades de desenvolvimento experimental permitem obter, com base em novas utilizações dos conhecimentos existentes, novos materiais, novos serviços ou novos processos produtivos ou melhorar significativamente as aplicações existentes dos conhecimentos.

Em consequência do desenvolvimento científico e tecnológico que se tem verificado ao longo do século vinte e, muito particularmente, nas últimas décadas, os conhecimentos utilizados nos processos produtivos têm-se tornado mais diversificados, mais complexos e mais interdependentes; neste contexto, a inovação empresarial assenta, cada vez mais e nos diversos setores, em práticas de I&D que permitam sustentar aprendizagens mais intensas e mais alargadas. Como esta crescente importância da I&D é muito sublinhada pela análise de Schumpeter, começaremos por identificar as relações que, segundo este autor, tendem a estabelecer-se entre I&D, dinâmicas organizacionais e inovação empresarial (subsecção 2.1); procuraremos, de seguida, esclarecer algumas questões suscitadas por essa análise, identificando as relações organizacionais e sistémicas inerentes à atividade da I&D (subsecção 2.2) e a pluralidade e os condicionalismos das estratégias empresariais de inovação (subsecção 2.3).

2.1. A análise «schumpeteriana»

Na análise de Schumpeter, a inovação empresarial tem um impacto dinâmico determinante na evolução do sistema capitalista, sendo essa inovação perspetivada, em dois momentos particularmente significativos da obra deste autor, no âmbito de lógicas empresariais muito distintas.

Refletindo, predominantemente, sobre a dinâmica concorrencial do capitalismo europeu dos finais do século dezanove, Schumpeter (1934: 65-94) considera que o principal fator do desenvolvimento económico é a inovação, entendida como uma nova combinação de meios produtivos que pode traduzir-se num novo produto, num novo processo, num novo mercado, numa nova matéria-prima ou numa nova forma de organização industrial. A introdução de uma inovação realiza-se de forma imprevisível e provoca a substituição de velhas combinações produtivas pelas novas combinações a que correspondem as inovações; por conseguinte, a introdução de uma inovação gera descontinuidades no desenvolvimento económico e só se concretiza depois de vencidas resistências colocadas pelas rotinas existentes.

Segundo esta perspetiva, o empresário e a empresa constituem os dois principais vetores do processo de inovação e do desenvolvimento económico. O empresário é o indivíduo cujas caraterísticas pessoais de imaginação, de criatividade e de liderança lhe conferem capacidade para conceber novas combinações de meios produtivos e para vencer as resistências das rotinas existentes. A empresa é a estrutura organizacional onde as novas combinações produtivas se materializam e se realiza o seu primeiro aproveitamento económico; como as novas combinações substituem as antigas, a introdução de inovações gera descontinuidades nos processos produtivos e realiza-se em empresas novas, que não têm origem em empresas já existentes. Segundo esta lógica, quanto mais inovadora for uma economia, menor tenderá a ser a média de idades das suas empresas e, como a dimensão das empresas tende a aumentar com o respetivo envelhecimento, maior tende a ser a representatividade de pequenas unidades na estrutura empresarial dessa economia; por outro lado, quanto maior forem as barreiras à criação de empresas ou os constrangimentos às relações concorrenciais entre as empresas, mais condicionado tende a ser o processo de inovação da economia em que tais empresas se inserem e menor tende a ser o dinamismo dessa economia.

Posteriormente, tendo presente sobretudo a dinâmica da economia americana da primeira metade do século vinte, Schumpeter (1942: 131-142) considera que, com a evolução do capitalismo, a gestão da inovação e as estruturas de mercado dominantes tornam-se mais concentradas.

Assim, de acordo com esta nova perspetiva, à medida que se expandem, as empresas tendem a criar rotinas próprias destinadas a criar e a desenvolver conhecimentos; a criação destas rotinas conduz à despersonalização e automatização da inovação, podendo falar-se de uma «rotinização da inovação», que passa a ser gerida por equipas e laboratórios de especialistas, cujo trabalho se realiza de forma previsível. Por outro lado, tornam-se cada vez maiores os custos financeiros associados à I&D de novos conhecimentos e ao aproveitamento económico das inovações, de tal modo que só grandes empresas têm capitais para suportar tais custos, através de meios próprios ou de empréstimos que só elas conseguem obter junto de organizações financeiras. Com a difusão, pelos diversos setores, destas novas práticas de gestão da inovação, a função inovadora dos empresários individuais perde a importância que tinha nas fases iniciais do sistema capitalista. A crescente concentração da atividade inovadora nos laboratórios das grandes empresas é acompanhada pela progressiva perda de competitividade das pequenas e médias empresas, que passam a existir apenas enquanto servirem os objetivos das grandes empresas. Segundo esta nova lógica, quanto mais inovadora for uma economia, maior tende a ser a média de idades das suas empresas e, consequentemente, menor tende a ser a representatividade de pequenas empresas nessa economia; por outro lado, as barreiras à constituição de grandes empresas ou de oligopólios condicionam o processo de inovação da economia em que tais empresas se inserem e menor tende a ser o dinamismo dessa economia.

Em síntese, tendo por base as duas perspetivas de Schumpeter identificadas, pode-se considerar que, segundo este autor, os fatores que sustentam o dinamismo e capacidade inovadora de uma economia variam ao longo do tempo no âmbito de dois modelos empresariais de gestão da inovação muito diferentes: i) um modelo, conhecido como «Schumpeter Mark I», assenta nas capacidades flexíveis de pequenas empresas para explorarem, no âmbito de estruturas de mercado muito concorrenciais, novas combinações produtivas identificadas — de forma pessoal, instintiva e imprevisível — por empresários individuais; ii) o outro modelo, conhecido como «Schumpeter Mark II», assenta nas capacidades financeiras e organizacionais das grandes empresas para explorarem, no âmbito de estruturas de mercado concentradas, os resultados de pesquisas realizadas — de forma impessoal, rotinizada e controlada — por laboratórios de I&D. Em qualquer dos modelos, a introdução da inovação é seguida pelo aparecimento de imitadores que, procurando captar parte da rentabilidade gerada pela inovação, contribuem para difundir essa inovação e o respetivo efeito multiplicador, generalizando-se uma expansão da atividade económica. Para ambos os modelos, a inovação é, portanto, a principal fonte da dinâmica empresarial e, pela descontinuidade que provoca num conjunto amplo de atividades produtivas, do desenvolvimento desequilibrado e cíclico do sistema capitalista. A relevância destes efeitos da inovação é reconhecida no âmbito de uma evolução endógena do desenvolvimento económico; esta evolução expressa-se na ideia de que é a partir do interior do sistema económico que são geradas as inovações que conduzem aos processos de «destruição criativa» através dos quais são substituídas as velhas lógicas produtivas. A natureza evolucionista desta dinâmica é explicitamente assumida quando Schumpeter (1939: 86) considera que o termo «Evolução Económica» é mais adequado que o «complacente» termo «Progresso» para designar as profundas transformações geradas pela inovação.

Pelo modo como é perspetivada a inovação, os aspetos relacionados com a criação e aprendizagem de conhecimentos estão também presentes na conceção *«schumpeteriana»*. A inovação é, essencialmente, gerada a partir de um novo conjunto de conhecimentos ou de novos conhecimentos, captados pela perspicácia do empresário individual ou criados pelas pesquisas realizadas nos laboratórios de grandes empresas. Os processos de aprendizagem de conhecimentos ocorrem nas empresas inovadoras que fazem o aproveitamento económico dos novos conhecimentos ou dos novos conjuntos de conhecimentos, sobretudo durante o momento da inovação mas também na difusão, e nos imitadores, durante as fases posteriores da difusão. No entanto, os aspetos organizacionais e institucionais relacionados com a criação e a aprendizagem de conhecimentos são pouco valorizados; a subvalorização destes aspetos decorre do «individualismo metodológico» assumido por Schumpeter e deixa em aberto algumas questões.

Uma primeira questão diz respeito ao modo ambíguo como Schumpeter perspetiva as relações entre a criação de novos conhecimentos e o aproveitamento económico desses conhecimentos. Por um lado, a conceção linear e o determinismo tecnológico transparecem na importância atribuída, por este autor, à iniciativa do empresário individual ou às pesquisas de grandes empresas, como fatores determinantes da inovação e do crescimento económico; aliás, a importância atribuída a tais fatores explica que frequentemente se oponha Schumpeter, como representante de uma perspetiva *«technology push»* segundo a qual o desenvolvimento tecnológico determina (ou «empurra») a atividade económica, a Schmookler, como representante de uma perspetiva *«demand pull»* segundo a qual o desenvolvimento tecnológico é determinado (ou «puxado») pela dinâmica da procura (Cf. Coombs, Saviotti e Walsh, 1987: 94-96). Por outro lado, Schumpeter entende, como referimos, que os conhecimentos que estão na base das inovações são, por sua vez, gerados a partir do interior da atividade económica antiga, que vai ser transformada através das destruições criativas provocadas pela introdução dessas inovações. Uma segunda questão suscitada pela análise de Schumpeter é a de saber se as grandes empresas tendem a ser, como este autor considera, mais inovadoras que as pequenas empresas. Procuraremos esclarecer estas questões (a natureza linear ou sistémica do processo de inovação e o «efeito dimensão» da empresa nesse processo), com base na análise sobre a importância que a I&D tem no âmbito, não só das relações entre as diversas atividades inerentes à inovação empresarial (subsecção 2.2), mas também das estratégias e das capacidades empresariais de inovação (subsecção 2.3).

2.2. Relações organizacionais da I&D

Segundo uma conceção linear do desenvolvimento tecnológico, as atividades e organizações que participam no processo de inovação das empresas relacionam-se de forma sequencial. Assim, a inovação tecnológica terá origem na investigação fundamental de conhecimentos científicos sem objetivos práticos específicos, realizada em organizações como as universidades. A esta fase segue-se, nos laboratórios técnicos, a investigação aplicada dos novos conhecimentos, com o objetivo de encontrar soluções para problemas produtivos concretos. Os resultados da investigação aplicada são testados e desenvolvidos experimentalmente e, só depois, utilizados na atividade produtiva, originando novos produtos ou novos processos de fabrico. Nesta perspetiva, as tecnologias constituem, essencialmente, informações com a natureza de bens públicos que circulam, de forma linear e unilateral, da investigação fundamental para a atividade diretamente produtiva das empresas, a qual se adapta passivamente às novas informações. Se admitirmos também que esta adaptação da atividade produtiva a uma I&D externa é independente das competências e das rotinas existentes nessa atividade, reencontramos a ideia de que as mudanças técnicas das empresas dependerão, essencialmente, dos referidos determinantes económicos relacionados com a minimização de custos.

Na sua essência, uma conceção linear do processo de inovação empresarial assenta em três pressupostos principais: a) considera a atividade produtiva como uma adaptação predominantemente passiva face a uma I&D que lhe é independente; b) as relações interorganizacionais associadas ao processo de inovação são perspetivadas como transações anónimas; c) trata a tecnologia como informação ou mercadoria com a natureza de bem público e relativamente livre.

Ora, como os conhecimentos tácitos incorporados nas rotinas de uma empresa se desenvolvem com base em competências específicas construídas, ao longo do tempo, estes conhecimentos não são bens públicos. Por outro lado, embora muitos conhecimentos possam ser estandardizados e os resultados da investigação fundamental possam ser codificáveis, estes conhecimentos públicos não são livres nem os benefícios económicos da sua codificação são assegurados de forma automática; o aproveitamento económico de tais conhecimentos depende da existência de competências nas diversas organizações relacionadas com a criação e a utilização desses conhecimentos. Assim, os resultados da atividade científica reproduzidos em publicações não são bens livres instantaneamente apropriáveis, pois a transformação desses resultados em novos produtos ou novos processos produtivos depende da existência, nas empresas produtivas, de competências próprias; o nível destas competências empresariais depende também das rotinas existentes nas empresas e dos relacionamentos destas empresas com unidades de investigação produtoras de conhecimentos científicos e tecnológicos. A inovação da atividade produtiva das empresas não é, portanto, uma adaptação passiva desta atividade a conhecimentos criados por uma investigação fundamental ou aplicada independente dessa atividade produtiva. A inovação empresarial depende do modo como se estruturam e coordenam as complementaridades entre as organizações direta e indiretamente envolvidas no desenvolvimento dos conhecimentos utilizados pela empresa; tornam-se, portanto, insustentáveis os diversos pressupostos em que assenta uma conceção linear das relações entre as atividades de I&D.

Assim, é irrealista conceber as relações entre essas atividades como um conjunto de transações lineares e anónimas de informações e de conhecimentos transferíveis de unidades de investigação fundamental ou aplicada para o setor diretamente produtivo. O aproveitamento económico de tais informações e conhecimentos depende do nível de competências e das comunicações existentes na atividade produtiva e nas unidades de investigação fundamental ou aplicada. As infraestruturas científicas e tecnológicas podem desempenhar um papel particularmente importante na promoção de relações entre a I&D e as atividades produtivas empresariais e no desenvolvimento da capacidade inovadora das empresas. Com efeito, estas infraestruturas intervêm em quatro domínios essenciais ao desenvolvimento das relações entre a I&D e a atividade produtiva das empresas: pesquisa de novos conhecimentos científicos e tecnológicos; divulgação de informações, normas e *«stan-*

dards» de natureza técnica; formação de recursos humanos; prestação de serviços de assistência técnica. Em síntese, as atividades da I&D empresarial desenvolvem-se segundo uma lógica sistémica, através das relações internas e externas das diversas organizações envolvidas na produção e utilização de conhecimentos. Podemos identificar agora, em termos concretos, as principais fontes internas e externas da I&D de uma empresa.

As fontes internas da I&D de uma empresa não se circunscrevem aos recursos de um eventual departamento de pesquisa e desenvolvimento de conhecimentos, até porque nem sempre se justifica a existência de um departamento com essa finalidade. Independentemente de tal departamento existir ou não, as principais fontes internas da I&D de uma empresa são as competências humanas e as rotinas organizacionais dessa empresa e, mais particularmente, as práticas relacionadas com a utilização e melhoria das tecnologias ou dos produtos existentes, com a pesquisa de novas oportunidades técnicas ou comerciais e com a circulação das comunicações entre as várias áreas funcionais da empresa. Entre as fontes externas da I&D de uma empresa, destacam-se as infraestruturas científicas e tecnológicas e as outras empresas com atividades concorrentes ou complementares dessa empresa. O nível de consolidação da I&D de uma empresa depende, portanto, da capacidade dessa empresa para promover redes de interações, através de práticas de cooperação e concorrenciais, entre as diversas fontes internas específicas da sua I&D e entre o conjunto destas e as correspondentes fontes externas; pelas múltiplas e diversificadas interdependências existentes nessas redes, a I&D de uma empresa tem uma natureza sistémica.

Em face da natureza sistémica destas relações, da crescente complexidade dos conhecimentos utilizados na atividade produtiva e da turbulência do atual contexto económico, é elevado o grau de incerteza técnica, comercial e financeira dos resultados da I&D. Essa incerteza é particularmente elevada na investigação fundamental, uma vez que esta atividade envolve investimentos em pesquisas cujos resultados são imprevisíveis e, frequentemente, geradores de elevadas externalidades[5] positivas. As necessidades financeiras dos investimentos, as complexidades dos conhecimentos integrados nas práticas e a imprevisibilidade dos diversos resultados são ainda significativas em muitas pesquisas aplicadas e, embora de forma menos expressiva, também estão presentes no desenvolvimento experimental.

Se outras razões não existissem, esta natureza complexa e imprevisível da I&D seria, só por si, uma prova de que a gestão da inovação tecnológica empresarial não pode ser perspetivada com base no pressuposto de uma racionalidade perfeita nem numa avaliação «*ex-ante*» dos investimentos em I&D baseada numa quantificação de custos e benefícios. Radicando numa racionalidade limitada e processual, a gestão dos investimentos nas atividades de I&D pode, contudo, ativar meios que permitam reduzir os condicionalismos que decorrem da complexidade e da imprevisibilidade dessas atividades. Tais meios têm a ver, fundamentalmente, com a qualidade, não só das fontes internas e externas da I&D propriamente ditas, mas também da gestão das redes das relações que se estabelecem entre essas fontes: uma elevada qualidade destes dois aspetos dotará a empresa de uma maior capacidade para reduzir, sem eliminar, aqueles condicionalismos e para intervir mais ativamente na gestão da sua I&D, em particular, e do seu processo de inovação tecnológica, em geral. A gestão das atividades de I&D de uma empresa depende, portanto, da capacidade dessa empresa para conciliar uma estimativa mais ou menos aproximada de custos e benefícios incertos com uma adequada gestão das relações entre as fontes internas e externas dessas atividades. Procuraremos, de seguida, conhecer as trajetórias através das quais esses aspetos se conciliam e se traduzem em capacidades inovadoras.

---

[5] Externalidade é um efeito, positivo ou negativo, que incide em agentes alheios á atividade geradora desse efeito e que não é internalizado por essa atividade: se uma empresa descarrega resíduos tóxicos num rio, essa empresa impõe, aos utilizadores desse rio, externalidades negativas que se consubstanciam nos custos necessários para despoluir o rio; se um cientista publica uma fórmula que é utilizada gratuitamente por uma empresa para fabricar um novo material e expandir as suas vendas, o cientista proporciona externalidades positivas a essa empresa, correspondentes aos benefícios económicos gerados pela utilização da fórmula.

2.3. Pluralidade e condicionalismos das estratégias empresariais de inovação

Pretendemos, agora, evidenciar que o desenvolvimento das capacidades inovadoras é condicionado por diversos fatores sem que nenhum deles determine um modelo organizacional único: depois de analisarmos os condicionalismos relacionados com a dimensão das empresas, as estruturas de mercados e as especificidades setoriais, identificaremos a dinâmica potencial associada a diferentes estratégias empresariais e relacionaremos os conteúdos dos componentes estratégicos e correntes das capacidades inovadoras, esclarecendo a importância que têm, entre tais componentes, objetivos como a referida gestão de custos ou preços dos fatores produtivos.

2.3.1. Dimensão das empresas, estruturas de mercados e especificidades setoriais

Diversos estudos empíricos revelam que, embora sejam muito diversificadas as relações que se têm verificado, desde meados do século XX, entre a dimensão das empresas e a respetiva capacidade de I&D e de inovação em geral, podem identificar-se algumas tendências relativamente mais significativas (Cf. Freeman e Soete, 2000: 227-241).

Assim, tem havido um crescimento das despesas em I&D realizadas por pequenas empresas e, no que se refere ao registo de patentes, observa-se um decréscimo do peso relativo das grandes empresas, devido à presença crescente de universidades, de inventores privados e de pequenas empresas. Complementarmente, o contributo das pequenas empresas para a inovação em geral e para o produto tem vindo a aumentar, sendo maior a presença destas organizações em redes de cooperação entre empresas com dimensões diversas. No entanto, não deixam de se observar distinções setoriais significativas: nos setores com maiores intensidades capitalísticas e mais elevados custos de desenvolvimento de novos produtos, onde são, portanto, maiores os custos de entrada — como a indústria aeroespacial, a construção de barcos e a indústria farmacêutica —, o contributo das pequenas empresas para a inovação é inferior ao seu contributo para o produto desses setores; nos setores com menores custos de entrada relacionados com intensidades capitalísticas inferiores e menores custos de desenvolvimento de novos produtos — como o fabrico de máquinas e de instrumentos —, o contributo das pequenas empresas para a inovação é superior ao seu contributo para o produto desses setores.

Não parece existir, portanto, qualquer decréscimo no dinamismo das pequenas empresas nem uma crescente concentração das estruturas de mercado e do potencial de inovação nas grandes empresas. Tudo indica, antes, que o dinamismo tecnológico e económico depende, em grande medida, das capacidades próprias e relacionais de empresas com diferentes dimensões. Naturalmente que, como transparece nos elementos referidos, as relações entre dimensão das empresas e inovação não deixam de estar condicionadas por diversos fatores, existindo processos de desenvolvimento tecnológico em que as grandes empresas têm uma maior influência, enquanto outros processos dependem mais das capacidades das pequenas empresas. Em termos gerais, podem definir-se, a partir das caraterísticas relacionadas com a dimensão das empresas, as capacidades potenciais de cada um desses dois grupos de empresas para promoverem a inovação.

Para atuarem em mercados amplos e relativamente heterogéneos, as grandes empresas têm necessidade de gerir, de aplicar, de absorver e de influenciar — em síntese, de interagir com — conhecimentos diversificados, interdependentes e complexos; o recurso a trabalhadores muito qualificados permite a estas empresas gerirem as interações com esses conhecimentos e, por esta via, consolidarem um conjunto diversificado de «ativos cognitivos» materiais e imateriais. Deste modo, as grandes empresas tendem a adquirir uma enorme capacidade para pesquisarem e desenvolverem conhecimentos complexos e interdependentes como os utilizados nos atuais processos produtivos. Complementarmente, a atuação em mercados amplos e a utilização de fatores produtivos abundantes permitem reduzir os custos médios de forma a gerarem-se economias de escala significativas que lhes permitem viabilizar económica e financeiramente elevados investimentos. Como resultado dessa capacidade para realizarem e aproveitarem economias de escala, o protagonismo das grandes empresas é particularmente significativo em inovações em que é necessário assegurar elevados investimentos indivisíveis a montante (como a realização de pesquisas fundamentais durante períodos longos) e a jusante (como com a difusão de um novo produto em mercados alargados). Em síntese, uma forte integração de diversos e abundantes recursos materiais e imateriais, nomeadamente cognitivos, está na base da elevada capacidade de inovação de grandes empresas; no entanto, esta relação entre integração e capacidade inovadora tem limites.

Alguns limites têm uma natureza estritamente material, como os relacionados com a viabilidade técnica da expansão dos próprios meios físicos que asseguram essa integração. Outros limites têm uma natureza mais imaterial, como os impactos negativos da expansão da empresa na respetiva flexibilidade organizacional. Efetivamente, com o aumento da idade e da dimensão de uma empresa, tende a verificar-se uma crescente rigidez das respetivas rotinas e uma burocratização das atividades da empresa, gerando-se inércias e bloqueios organizacionais que dificultam a renovação dos conhecimentos utilizados nessa empresa. Assim, a forte integração de recursos, que constitui o principal fator da elevada capacidade inovadora das grandes empresas, pode tornar-se num dos principais fatores limitativos da flexibilidade organizacional indispensável à sustentação dessa capacidade. Tendendo a observar-se uma maior flexibilidade organizacional em pequenas empresas, interessa analisar se esta caraterística constitui, efetivamente, uma importante base (ou janela de oportunidade) para a criação e sustentação da capacidade inovadora destas empresas.

Com efeito, as empresas de menor dimensão apresentam, frequentemente, estruturas organizacionais flexíveis e integradas que lhes permite ter uma elevada capacidade de adaptação a ambientes muito dinâmicos. No entanto, se a flexibilidade das pequenas empresas tende a ser muito maior que a das empresas de grande dimensão, o mesmo não se passa com a integração das atividades e dos respetivos conhecimentos; esta integração apresenta uma amplitude e uma complexidade menores nas pequenas empresas, que têm mercados menos diversificados e menores capacidades para utilizarem recursos humanos muito qualificados. Estas circunstâncias limitam a capacidade das pequenas empresas para pesquisarem e desenvolverem conhecimentos complexos e interdependentes como os utilizados nos atuais processos produtivos. Complementarmente, por possuírem menores disponibilidades financeiras, as pequenas empresas tendem a ter uma menor capacidade para realizarem inovações em que seja necessário assegurar elevados investimentos a montante e a jusante. De um modo geral, o contributo das pequenas empresas para o desenvolvimento tecnológico tende a expressar-se, sobretudo, através de três vias principais: na realização de inovações radicais menos dependentes de elevados e longos investimentos; na criação de conhecimentos embrionários que podem originar inovações radicais, realizáveis através de pequenas ou de grandes empresas, consoante o montante dos recursos humanos e financeiros necessários para o aproveitamento econômico desses conhecimentos; no desenvolvimento de conhecimentos e de inovações incrementais da atividade produtiva.

São, portanto, diferentes e complementares os contributos das pequenas e das grandes empresas para o desenvolvimento tecnológico. Por isso, o principal fator da inovação de uma economia reside mais no dinamismo de empresas com diferentes dimensões, como o prova a referida dinâmica crescente das redes interempresariais, do que no dinamismo de apenas um desses dois grupos. Também não parece que o desenvolvimento econômico e tecnológico conduza a uma crescente e irreversível concentração das estruturas de mercado; a evolução de tais estruturas realiza-se através do confronto entre práticas tendencialmente limitativas da concorrência com práticas concorrenciais e de cooperação, favoráveis à difusão e diversificação de conhecimentos.

Não existe, por consequência, qualquer padrão único ou determinismo sobre a evolução das estruturas de mercado, nem sobre a dimensão das empresas mais inovadoras, nem sobre a relevância dos diferentes fatores de inovação. A importância relativa das grandes empresas e a concentração dos mercados variam em função de diversos fatores, entre os quais se incluem as caraterísticas específicas das diversas economias e, em particular, dos diferentes setores produtivos. Assim, tende a observar-se uma importância relativamente maior das grandes empresas e uma maior concentração do mercado nos setores onde a investigação fundamental envolva recursos humanos muito qualificados e elevados investimentos de longo prazo, como na indústria farmacêutica, ou onde a atividade produtiva se realize através de processos contínuos e automatizados orientados para a obtenção de grandes economias de escala, como no fabrico de cimentos; o protagonismo das pequenas empresas e práticas concorrenciais tendem a ser maiores nos setores onde a dinâmica inovadora está mais relacionada com outros fatores de inovação, como a utilização de equipamentos provenientes de outros setores, o desenvolvimento experimental de processos, alterações incrementais de produtos, como na indústria do vestuário ou do mobiliário.

No âmbito da referida perspetiva evolucionista sobre os processos de criação, difusão, utilização e apropriação económica dos conhecimentos, têm-se elaborado quadros de análise das relações entre diferentes dinâmicas setoriais de inovação e os correspondentes comportamentos empresariais.

Partindo da identificação das principais fontes do desenvolvimento tecnológico de uma amostra de empresas inovadoras em diferentes setores, Pavitt (1990) considera quatro padrões de mudança técnica: aquele em que, como nas empresas da indústria têxtil analisadas, os fornecedores aparecem como agentes particularmente importantes do referido desenvolvimento (*supplier dominated firms*); aquele em que, como na indústria química, os conhecimentos científicos são elementos muito relevantes da dinâmica inovadora das empresas (*science-based firms*); e, em domínios onde a atividade produtiva surge como base principal do desenvolvimento tecnológico das empresas (*production intensive firms*), Pavitt distingue o padrão baseado na criação de economias de escala (*scale-intensive firms*), como na produção de veículos, e o padrão associado ao fabrico de equipamentos (*specialised equipment suppliers*), como nos equipamentos elétricos. Esta classificação constituiu um quadro de referência pioneiro de estudos sobre processos evolucionistas de criação, difusão, utilização e apropriação económica dos conhecimentos preponderantes em diferentes setores produtivos. No entanto, o desenvolvimento tecnológico mais recente tem revelado, não só, que existem outras dinâmicas setoriais ausentes nesta classificação, mas também, que os padrões de mudança dos setores abrangidos por esta classificação têm uma natureza mais diversificada, mais híbrida, mais fluida e mais complexa.

Com o objetivo de compreender a natureza complexa das dinâmicas setoriais de inovação, têm-se realizado, na sequência de estudos sobre a indústria dos computadores (Malerba *et al.*, 2001), análises baseadas nos «*history-friendly models*». Estes trabalhos procuram relacionar, no quadro da perspetiva evolucionista, a simulação de dinâmicas setoriais, as especificidades dos processos históricos correspondentes e as caraterísticas dos comportamentos dos respetivos agentes económicos. No essencial, utilizam-se técnicas de simulação para se aprofundar o conhecimento sobre eventos significativos da evolução de um setor e identificar as relações subjacentes às respetivas rotinas e dinâmicas (Garavaglia, 2010: 273). Por se tratar de uma agenda de investigação recente, o desenvolvimento do respetivo potencial está ainda numa fase embrionária, embora seja de admitir que a aplicação destes modelos ao estudo de diversos setores possa contribuir para uma visão mais integrada das múltiplas dimensões dos processos de aprendizagem subjacentes às diferentes dinâmicas de inovação desses setores. Uma via complementar para conhecer melhor esses processos reside na identificação dos modos como se realizam as escolhas dos responsáveis pelas estratégias inovadoras das empresas.

2.3.2. Componentes estratégicas e correntes das capacidades inovadoras

Freeman e Soete (2000: 267-284) caraterizam seis estratégias de inovação empresarial: ofensiva, defensiva, imitativa, dependente, tradicional e oportunista ou de nicho.

As três atividades de I&D só adquirem uma importância expressiva na primeira estratégia, embora uma ou outra dessas atividades assuma algum significado relativamente relevante na segunda ou na terceira daquelas estratégias. O objetivo da estratégia ofensiva é atingir a liderança num mercado: para realizar este objetivo, são necessários recursos humanos muito qualificados, elevados investimentos em desenvolvimento experimental, em investigação aplicada e, também de forma significativa embora relativamente menos expressiva que nas referidas duas atividades de I&D, em investigação fundamental; nesta estratégia, valoriza-se muito a inserção em redes mundiais de ciência e tecnologia (como fontes privilegiadas de acesso a novos conhecimentos fundamentais) e o registo de patentes (como mecanismo de proteção do aproveitamento comercial das inovações radicais). O principal objetivo da empresa na estratégia defensiva é acompanhar o processo de inovação tecnológica, sem a preocupação de ser a primeira a inovar; nestas circunstâncias, os investimentos em I&D mais significativos estão relacionados com a investigação aplicada e, sobretudo, com o desenvolvimento experimental, de modo a dotar a empresa de uma elevada capacidade para tirar partido dos erros dos primeiros inovadores e para diferenciar produtos. Na estratégia imitativa, a atividade de I&D que adquire um significado relativamente expressivo é o desenvolvimento experimental relacionado com a gestão técnica eficiente dos aspetos básicos do processo produtivo, nomeadamente a engenharia da produção e o *design*, de modo a dotar a empresa de capacidade própria para reproduzir as inovações alheias.

As restantes três estratégias assentam numa lógica de funcionamento muito centrada no curto prazo e sem a preocupação de criar uma capacidade empresarial própria para desenvolver inovações alheias, sendo pouco qualificados os recursos humanos e marginal o investimento em qualquer das atividades de I&D. Na estratégia dependente e na estratégia tradicional, a atividade da empresa concentra-se excessivamente no processo produtivo interno, no âmbito de uma forte dependência face a resultados estabelecidos por uma outra empresa (estratégia dependente) ou face a uma lógica de funcionamento assente na simples utilização de fatores produtivos materiais (estratégia tradicional). Na estratégia de nicho, a atividade da empresa concentra-se excessivamente na pesquisa do mercado, procurando identificar oportunidades conjunturais que sustentem, no âmbito de uma marcada gestão corrente de sucessivas oportunidades conjunturais, a viabilidade financeira da empresa.

Qualquer das referidas estratégias pode alterar-se ao longo do tempo, como acontece se houver processos de aprendizagem que proporcionem um desenvolvimento de conhecimentos que permita a uma empresa ganhar uma maior capacidade inovadora. Assim, uma empresa que siga uma estratégia dependente pode desenvolver os seus conhecimentos, nomeadamente através das relações com os seus clientes, de modo a passar a ter uma estratégia independente. Perante a diversidade de condicionalismos estruturais e a liberdade dos gestores, a capacidade inovadora das empresas pode desenvolver-se através de diversas trajetórias. Contudo, é possível concluir também que a intensidade da dinâmica inovadora de uma empresa depende, em grande medida, das relações que se estabelecem entre quatro fatores fundamentais para o desenvolvimento dos seus conhecimentos, que podem, por isso, ser considerados como fatores estratégicos: i) recursos humanos muito qualificados, ii) práticas consistentes de pesquisa, nomeadamente aplicada, e de desenvolvimento experimental de novos conhecimentos, iii) relações complementares entre as atividades internas e externas relacionadas com o processo produtivo e iv) interações adequadas com outras organizações. Por outro lado, a dinâmica inovadora de uma empresa também é condicionada por elementos que são do domínio da gestão mais corrente, como os relacionados com as disponibilidades financeiras, os preços dos fatores, os custos de produção ou os resultados líquidos da exploração.

Em termos agregados, são, portanto, duas as principais dimensões em que assenta a construção da capacidade inovadora de uma empresa: a dimensão estratégica relacionada com o desenvolvimento dos seus conhecimentos e a dimensão corrente relacionada com a gestão das suas disponibilidades financeiras. Adaptando a metodologia de análise proposta por Martinet (1983: 23) sobre as relações entre gestão estratégica e gestão corrente, podem cruzar-se as duas dimensões referidas de modo a definirem-se quatro situações: com fraco nível de conhecimentos e sem disponibilidades financeiras, a empresa tem a sua sobrevivência ameaçada no imediato; com elevado nível de conhecimentos e sem disponibilidades financeiras, a empresa poderá obter algum crédito com base nas expectativas sobre o seu potencial de desenvolvimento, mas, se as dificuldades financeiras persistirem, corre o risco de ter a sua dinâmica bloqueada no curto prazo; com fraco nível de conhecimentos e com capacidade para gerar disponibilidades financeiras, a empresa corre o risco de não possuir o nível de conhecimentos necessários para manter a sua competitividade no médio prazo; com elevado nível de conhecimentos e com disponibilidades financeiras sólidas, a empresa tem os meios que lhe permitem renovar, permanentemente, a sua dinâmica inovadora. Uma capacidade inovadora empresarial assente numa única dimensão, estratégica ou corrente, tende, portanto, a gerar fragilidades que deterioram ambas as dimensões e, consequentemente, a respetiva dinâmica inovadora e organizacional. Assim, embora aspetos caraterísticos da dimensão corrente da atividade empresarial, como a gestão de custos ou de preços dos fatores produtivos, não determinem, como dissemos anteriormente, o sentido dos processos de inovação empresarial, podem condicionar a evolução desses processos.

Outra questão, complementar do estudo sobre as relações entre as atividades empresariais e a construção de capacidades inovadoras, consiste em analisar o impacto que a realização de tais capacidades tem no crescimento económico e no emprego.

II. INOVAÇÃO, CRESCIMENTO ECONÓMICO E EMPREGO

Uma caraterística do atual contexto tecnológico é a coexistência de dinâmicas inovadoras empresariais significativas com taxas de crescimento do produto por habitante muito débeis e taxas de desemprego bastante elevadas. Ora, poder-se-ia considerar que dinâmicas inovadoras significativas gerassem um crescimento económico elevado; este tipo de raciocínio está subjacente ao chamado «paradoxo de Solow», com que se pretende evidenciar a falta de correspondência entre a presença expressiva, sublinhada por este autor, de computadores em todos os domínios da economia menos nas estatísticas da produtividade...Por outro lado, no capítulo anterior, foram referidos elementos que conduzem à ideia de que, embora a criação de novos conhecimentos seja um fator de expansão da atividade empresarial, não há relações determinísticas entre inovação e crescimento económico nem entre estes aspetos e a evolução do emprego.

Este segundo capítulo pretende estudar estes aspetos, de modo a realizar dois objetivos complementares: identificar princípios de análise das relações que se estabelecem entre a inovação, a dinâmica global da economia e a evolução do emprego; fornecer elementos que permitam compreender as transformações estruturais subjacentes ao atual contexto tecnológico. Assim, depois de apresentarmos conceções sobre as relações entre as duas primeiras destas três variáveis (secção 2.1), procuraremos conhecer o impacto que a inovação tem na evolução do emprego (secção 2.2). A análise destas questões pode também contribuir para esclarecer um problema mais amplo da ciência económica: como evoluem e como se relacionam o crescimento económico e o emprego?

1. Inovação e crescimento económico

Na identificação das perspetivas sobre as relações entre inovação e crescimento económico, começaremos por referir as análises que, embora muito diferentes e centradas em aspetos distintos, têm subjacentes conceções predominantemente lineares da inovação (subsecção 1.1); de seguida, caraterizaremos a perspetiva sistémica e evolucionista baseada nas dinâmicas associadas às aprendizagens de conhecimentos (subsecção 1.2). No essencial, pretendemos demonstrar que: i) as primeiras abordagens conduzem a interpretações simplistas das relações entre inovação e crescimento económico; ii) o estudo baseado no modo como evoluem as aprendizagens de conhecimentos permite identificar tais relações e compreender as divergências entre inovação e crescimento que caraterizam o momento atual.

1.1. Análises baseadas em conceções lineares

A perspetiva linear da inovação transparece, embora com intensidades diversas, em três tipos de análises muito diferentes e centradas em aspetos distintos das relações entre desenvolvimento tecnológico e crescimento económico: a ideia da incorporação do progresso técnico em fatores produtivos materiais; os modelos sobre a difusão de inovações assente na procura de novos bens materiais e os modelos de crescimento endógenos sobre a difusão de inovações assente na oferta de novos bens imateriais.

1.1.1. A incorporação do progresso técnico em fatores produtivos materiais

Como a ideia da incorporação do progresso técnico em fatores surge no âmbito do debate, entre as perspetivas «*neokeynesiana*» e neoclássica, sobre o crescimento económico (Cf. Coombs, Saviotti e Walsh, 1987: 139-145), interessa começar por identificar o problema central desse debate, tanto mais que ele contém elementos relacionados com a análise exposta no início do capítulo anterior.

Para os autores «*neokeynesianos*», como Every Domar e Roy Harrod, o capital e o trabalho são complementares, de tal modo que só uma combinação destes fatores assegura a produção eficiente de um *output*; nestas circunstâncias, a verificar-se a abundância relativa de um fator, o funcionamento do mercado não consegue resolver este desequilíbrio, que só será corrigido através da intervenção reguladora do Estado e da aplicação de políticas adequadas. Outra perspetiva é a da conceção neoclássica de Robert Solow, que parte do pressuposto de que os fatores produtivos são independentes e substituíveis entre si, sendo, por isso, várias as combinações destes fatores que proporcionam a produção eficiente de um *output*. Com base neste pressuposto e na já explicada premissa de que um fator relativamente abundante terá um preço relativamente menor, a perspetiva neoclássica defende que a dinâmica do mercado tem capacidade para corrigir o desequilíbrio provocado pela referida abundância relativa do fator, através da maior utilização desse fator, não sendo necessária, por isso, a intervenção reguladora do Estado.

Pretendendo identificar o impacto dinâmico do progresso técnico, Solow distingue duas fontes do crescimento económico, entendidas como sendo independentes: as taxas de crescimento das quantidades físicas do capital e do trabalho e o progresso técnico. Assim, a taxa de crescimento do produto de uma economia seria obtida pela soma de duas parcelas principais: uma corresponderia à média das taxas de crescimento das quantidades físicas dos dois fatores produtivos ponderada pelas importâncias relativas destes fatores na distribuição do produto dessa economia; a outra parcela, considerada residual pois era obtida pela diferença entre a taxa de crescimento total e a parcela acabada de identificar, corresponderia ao crescimento provocado pelo progresso técnico. Aplicando esta abordagem à dinâmica verificada na economia norte americana durante o período 1909-1949, Solow concluiu que cerca de 12,5% do crescimento do produto por trabalhador resultava da variação do capital por trabalhador, o que o levou a atribuir ao progresso técnico um efeito da ordem dos

87,5%, o que não deixa de ser um valor particularmente elevado para uma parcela residual.

Embora este trabalho de Solow tenha o mérito de apresentar o progresso técnico como a principal fonte do crescimento económico, não deixa de ser irónico que essa apresentação tenha por base uma conceção que, não só não define a substância desse progresso, como perspetiva de forma muito redutora as relações entre a origem ou os veículos de tal progresso e a atividade económica. Com efeito, o progresso técnico é considerado como sendo completamente exógeno à atividade económica e independente, ou «desincorporado», dos fatores produtivos. Assim, a produtividade média dos bens de capital, ou dos trabalhadores, atuais era tratada como se se mantivesse constante ao longo do tempo. Na sua essência, este tratamento dado à produtividade dos fatores decorre da concentração da explicação do crescimento económico em elementos de natureza material, como as quantidades físicas de capital e de trabalho, e da consequente marginalização dos elementos imateriais, como o nível de conhecimento inerente à utilização dessas quantidades. Através da ideia da incorporação do progresso técnico nos fatores produtivos, procurou-se ultrapassar, dentro da lógica de raciocínio neoclássica, as referidas limitações contidas no primeiro tratamento do progresso técnico como fonte residual do crescimento económico.

A ideia da incorporação do progresso técnico nos fatores produtivos assenta em três pressupostos principais: i) o desenvolvimento dos conhecimentos conduz a uma produtividade crescente desses conhecimentos; ii) os bens de capital e o trabalho de uma geração incorporam os conhecimentos a que se chegou nessa geração; iii) depois de introduzidos no processo produtivo, os bens de capital e o trabalho apenas se depreciam, não beneficiando de qualquer incorporação de novos conhecimentos. O *«stock»* de um fator deixa, assim, de ter apenas uma natureza quantitativa homogénea, como acontecia na referida expressão elementar da perspetiva neoclássica, para passar a ser uma realidade heterogénea constituída por uma dimensão quantitativa (as quantidades desse fator e a respetiva taxa de crescimento) e uma dimensão qualitativa (conhecimentos diversos e, consequentemente, grupos, ou gerações, desse fator com produtividades diferentes); nesta lógica, a produtividade efetiva do fator será superior ou inferior à produtividade média desse fator, consoante se verifique, respetivamente, uma diminuição ou um aumento da média das idades desse fator. Consequentemente, a utilização de fatores mais novos, ou a redução da média de idades dos fatores utilizados, contribuirá para o crescimento de uma economia. A função de produção Cobb-Douglas permite identificar, de forma muito explícita, a conceção neoclássica do crescimento sem progresso técnico e com a incorporação do progresso técnico nos fatores produtivos.

Não considerando o progresso técnico, o produto gerado num momento t (Y_t) é apresentado (Cf. expressão 1.1.) como função das quantidades materiais de capital (K_t) e de trabalho (L_t), sendo a quantidade de cada um destes fatores elevada a um expoente que representa a elasticidade parcial do produto relativamente a cada fator[6] ou a importância relativa das remunerações de cada fator (lucros e salários) no rendimento total; admitindo ainda que esse rendimento total se esgota nas remunerações dos fatores, a soma dos expoentes é igual à unidade (e a função de produção é homogénea de grau um).

$$Y_t = K_t^{\alpha} L_t^{1-\alpha} \qquad (1.1.)$$

Com base na derivada em ordem ao tempo do logaritmo da função 1.1, obtem-se a expressão 1.2., segundo a qual a taxa de crescimento do produto $\left(\frac{\dot{Y}}{Y}\right)$ é uma média ponderada das taxas de crescimento das quantidades físicas dos fatores $\left(\frac{\dot{K}}{K} \text{ e } \frac{\dot{L}}{L}\right)$, tendo em conta as importâncias relativas das remunerações desses fatores no rendimento total.

$$\frac{\dot{Y}}{Y} = \alpha \frac{\dot{K}}{K} + (1-\alpha)\frac{\dot{L}}{L} \qquad (1.2)$$

---

[6] A elasticidade parcial do produto relativamente a um fator (capital ou trabalho) corresponde à relação entre a variação relativa do produto e a variação relativa desse fator, permanecendo o resto constante.

Passando a considerar o progresso técnico como "factor-augmenting", o *stock* de cada fator é entendido como sendo constituído por elementos físicos materiais (K_t e L_t) e por conhecimentos incorporados nesses elementos (A_t B_t), sendo o "*stock* de um fator em unidades de eficiência" o conjunto de elementos materiais e de conhecimentos de cada fator. Assim, o produto do momento t (Y_t) passa a ser apresentado (Cf. expressão 2.1.) como função do *stock* de capital em unidades de eficiência (A_t K_t) e do *stock* de trabalho em unidades de eficiência (B_t L_t).

$$Y_t = (A_t\ K_t)^\alpha\ (B_t\ L_t)^{1-\alpha} \tag{2.1}$$

O contributo dinâmico do *stock* de cada fator em unidades de eficiência depende (Cf. Expressões 2.2a e 2.2b) das taxas de crescimento das quantidades físicas dos fatores ($\frac{\dot{K}}{K}$ e $\frac{\dot{L}}{L}$), da melhoria média da produtividade de cada fator induzida pelo progresso técnico e por elementos da natureza "não geracional" (δ_k e δ_L) e do efeito geracional ($\dot{G}$) associado à variação da média de idades de cada um desses fatores; este efeito aparece com sinal negativo, de modo a tratar uma diminuição (ou um aumento) da média de idade de um fator como um reforço (ou uma deterioração) da melhoria média da produtividade desse fator.

$$\frac{\dot{AK}}{AK} = \frac{\dot{K}}{K} + \delta_k(1 - \dot{G}) \tag{2.2a}$$

$$\frac{\dot{BL}}{BL} = \frac{\dot{L}}{L} + \delta_L(1 - \dot{G}) \tag{2.2b}$$

Fazendo a derivação em ordem ao tempo do logaritmo da função 2.1 e tendo em conta 2.2a e 2.2b, obtem-se a expressão 2.2c, segundo a qual a taxa de crescimento do produto ($\frac{\dot{Y}}{Y}$) é uma média ponderada das taxas de crescimento dos *stocks* dos fatores em unidades de eficiência ($\frac{\dot{AK}}{AK}$ e $\frac{\dot{BL}}{BL}$), tendo em conta as importâncias relativas das remunerações desses fatores no rendimento total.

$$\frac{\dot{Y}}{Y} = \alpha \left[\frac{\dot{K}}{K} + \delta_K \left(1 - \dot{G}\right)\right] + (1-\alpha) \left[\frac{\dot{L}}{L} + \delta_l \left(1 - \dot{G}\right)\right] \qquad (2.2c)$$

Através da ideia da incorporação do progresso técnico nos fatores, as fontes qualitativas do crescimento tornam-se, portanto, menos residuais e indiferenciadas, na medida em que se tem em conta o impacto provocado pelo nível de desenvolvimento dos conhecimentos utilizados e, mais concretamente, pelo grau de incorporação desses conhecimentos nos fatores materiais; estes fatores passam, assim, a ser considerados os veículos através dos quais o progresso técnico chega ao processo produtivo. Investir na substituição de bens de equipamento (ou uma política de apoio a esse tipo de investimentos) terá um impacto positivo no crescimento económico, pois os novos equipamentos, ao incorporarem conhecimentos mais recentes e mais produtivos, terão um efeito dinâmico[7].

Ao destacar este efeito dinâmico gerado pela melhoria das habilitações dos recursos humanos ou pelos novos equipamentos, a ideia da incorporação do progresso técnico nos fatores produtivos permite ultrapassar três limitações da conceção neoclássica elementar sobre as fontes do crescimento económico: o «stock» de um fator deixa de ter uma natureza quantitativa homogénea, identificam-se alguns componentes relevantes do progresso técnico e reduz-se a componente residual do crescimento económico. No entanto, são várias as limitações daquela conceção neoclássica que continuam presentes na ideia da incorporação do progresso técnico nos fatores produtivos.

Desde logo, o crescimento económico continua a ser apresentado como uma soma dos contributos de dois fatores independentes. Ora, não só estes fatores não são independentes, como também é maior o número de fontes do crescimento económico; assim, segundo Denison, o crescimento verificado na economia norte-americana entre 1929 e 1957 ficou a dever-se também a economias de escala.

---

[7] A ideia da incorporação do progresso técnico no capital está também subjacente a três modelos de gerações de capital (*putty-putty*, *putty-clay* e *clay-clay*) que se distinguem no modo como tratam dois aspetos: a duração da vida útil dos bens de equipamento e a substituibilidade dos fatores produtivos.

Por outro lado, embora se considere que o progresso técnico se consubstancia na utilização de fatores que incorporam novos conhecimentos, não se explica economicamente a origem desses conhecimentos. A sobrevalorização do efeito geracional conduz também a uma subvalorização das práticas relacionadas com o desenvolvimento dos novos conhecimentos que são introduzidos na atividade produtiva. Com efeito, marginalizam-se atividades de I&D e aprendizagens diretamente produtivas que permitem aprofundar e renovar os conhecimentos utilizados e, por essa via, melhorar o respetivo nível de produtividade; esta limitação é particularmente problemática no caso do trabalho, na medida em que a sobrevalorização do efeito geracional pode servir de fundamento para reduzir o emprego de trabalhadores com mais experiência.

Também se excluem da análise o modo como se difundem, numa economia, os novos conhecimentos e as primeiras formas de incorporação desses conhecimentos. Assim, se, as novas gerações dos bens de capital e do trabalho são apresentadas como os veículos através dos quais o progresso técnico chega à atividade produtiva e proporciona o crescimento económico, o tratamento desta ideia acaba por se fazer como se o «desempenho destes veículos» fosse deduzido apenas a partir das respetivas idades, nada se dizendo sobre as «fontes das energias» que os sustentam nem sobre os respetivos «mecanismos de difusão».

A preocupação em identificar os mecanismos de difusão das inovações está no centro de duas outras abordagens que, embora sejam representativas de uma conceção linear da inovação, são muito distintas da perspetiva neoclássica analisada e muito diferentes entre si: uma apresenta a difusão como uma dinâmica determinada pela procura de novos bens materiais, a outra trata a difusão como um processo determinado pela oferta de novos bens imateriais.

1.1.2. A difusão de inovações assente na procura de novos bens materiais

As pesquisas realizadas, nas décadas de 1950 e de 1960, por Griliches e por Mansfield conduziram à ideia de que as inovações tendem a difundir-se segundo uma curva logística ou «Sigmoide» (em forma de «S», semelhante à da evolução de uma epidemia) em que se podem identificar várias fases dinâmicas. Inicialmente, o número de utilizadores da inovação é bastante reduzido e a difusão é muito débil. Numa segunda fase, a difusão realiza-se de forma exponencial, ou seja, acelera tanto mais quanto maior o número de utilizadores. À medida que o número destes utilizadores se aproxima assimptoticamente da população total, a taxa de difusão desacelera até se tornar nula.

Este modelo epidemiológico (também denominado epidémico e logístico) assenta na ideia de que a intensidade da difusão tecnológica depende do modo como se articula a informação disponível sobre a inovação, o risco de utilização e a procura efetiva dessa mesma inovação. Na fase inicial, a disponibilidade da informação é mais reduzida, o risco de utilização é mais elevado e a procura efetiva é escassa, sendo muito frágil a taxa de difusão. Com o «contágio» entre os utilizadores iniciais e os potenciais utilizadores da inovação, aumenta a informação disponível, reduzem-se os riscos de utilização, aumenta a procura da inovação e, em consequência, acelera-se a taxa de difusão. Posteriormente, embora passe a ser abundante a informação disponível e muito reduzido o risco de utilização, a taxa de difusão torna-se decrescente com a progressiva saturação da procura efetiva da inovação e consequente redução de potenciais utilizadores.

Esta conceção de difusão tem o mérito de identificar, de uma forma heurística muito expressiva, o modo como tende a evoluir a utilização de muitas inovações, ao mesmo tempo que relaciona, em termos genéricos, a natureza dinâmica das fases da difusão e do ciclo de vida das inovações. Assim, o débil dinamismo da primeira fase da difusão de uma tecnologia reflete as fragilidades caraterísticas da «infância» de uma tecnologia; por seu lado, a aceleração correspondente ao crescimento exponencial representa o dinamismo inerente à «juventude» e à fase inicial da «maturidade» de uma tecnologia; a desaceleração final da taxa de difusão está associada a debilidades caraterísticas do «envelhecimento» de uma tecnologia. Apesar de proporcionar elementos que poderão ser úteis pontos de partida de uma análise sobre questões importantes subjacentes às dinâmicas referidas,

O modelo epidemiológico da difusão representa, sob vários aspetos, uma visão limitada do processo de desenvolvimento tecnológico.

Os limites estão presentes em pressupostos deste modelo como na hipótese de que a população dos utilizadores e as caraterísticas de uma inovação são essencialmente homogéneas e estáticas e na ideia, subjacente a essa hipótese, de que a tecnologia é relativamente livre. Ora, pode haver potenciais utilizadores de uma inovação que, embora informados sobre a existência dessa inovação, não a venham a utilizar efetivamente, por falta de interesse ou de disponibilidade financeira ou de competência. Também é frequente alterar-se, durante o processo de difusão de uma inovação, a composição da própria população dos utilizadores. Esta alteração pode ser motivada pela modificação das caraterísticas da inovação durante o processo de difusão; aliás, este é também um outro aspeto não tratado pelo modelo epidemiológico, que considera, à semelhança do constatado nas conceções sobre a incorporação do progresso técnico nos fatores produtivos, que as caraterísticas das inovações são estáticas. Como referimos anteriormente, esta visão estática da inovação está associada a uma perspetiva linear sobre o processo de desenvolvimento dos conhecimentos e à marginalização de fatores importantes desse processo, como a I&D e as aprendizagens relacionadas com a atividade produtiva. Em síntese, embora forneça pistas para uma primeira identificação do modo como tendem a evoluir muitos processos de difusão de inovações, o modelo epidemiológico subvaloriza a «oferta», ou criação, de novos conhecimentos, e trata a «procura» dos novos conhecimentos com base em pressupostos demasiado simplificados.

Algumas das críticas que acabam de ser referidas são ultrapassadas pela análise de Stephen Davies (1979) sobre difusão de inovações, que constitui, no essencial, uma reformulação mais elaborada de algumas caraterísticas do modelo epidemiológico. Para este autor, a velocidade da difusão é explicada, não pelos fatores dinâmicos destacados por aquele modelo (como o aumento da informação disponível ou a diminuição do risco), mas pelas caraterísticas tecnológicas das inovações e dos setores onde ocorrem tais inovações, pelas atitudes das empresas potencialmente utilizadoras e pelo modo como estas tratam a informação sobre as inovações.

Tendo em conta as caraterísticas tecnológicas, Davies distingue dois grupos de inovações: o Grupo A, das inovações de baixos custos, tecnicamente simples, cujas melhorias posteriores à invenção se realizam de forma relativamente rápida e com efeitos de aprendizagem decrescentes ao longo da difusão; o Grupo B, das inovações de elevado custo, tecnicamente complexas, cujas melhorias posteriores à invenção se realizam de forma lenta e com efeitos de aprendizagem crescentes ao longo da difusão. A estas diferentes caraterísticas correspondem diferentes assimetrias da curva «sigmóide» do padrão de difusão: a difusão das inovações do Grupo A está muito concentrada na fase inicial, enquanto a das do Grupo B apresenta uma simetria reveladora dos efeitos cumulativos.

Embora reconhecendo a importância destas caraterísticas tecnológicas e de caraterísticas setoriais, como os tipos de estruturas empresariais ou o dinamismo do setor, o principal determinante da decisão de uma empresa adotar, ou não, uma inovação (e, consequentemente, o fator determinante da difusão) é o confronto entre a expetativa dessa empresa relativamente à rentabilidade da inovação e a solidez financeira dessa empresa. Em termos mais concretos, essa decisão depende da relação entre o período de carência ou recuperação que as empresas atribuem, com base nas informações de que dispõem, a uma inovação e o período máximo de carência ou recuperação que toleram ou consideram aceitável: uma empresa só adota uma inovação, se o primeiro período não for superior ao segundo. A difusão (ou a adoção) de uma inovação deixa, portanto, de ser uma certeza, como acontecia no modelo epidemiológico, e passa a ser uma probabilidade, cuja realização efetiva depende da apreciação que cada potencial utilizador faz sobre os dois aspetos referidos; consequentemente, a análise da difusão tem uma natureza binária e probabilística (análise «*probit*»).

O trabalho de Davies evidencia a natureza heterogénea e dinâmica dos potenciais utilizadores e das caraterísticas das tecnologias. Ao introduzir na análise os processos de aprendizagem, este autor ultrapassa algumas limitações do modelo epidemiológico: a difusão passa a ser também geradora de práticas de aprendizagem e de desenvolvimento de conhecimentos. No entanto, a importância e a duração destas práticas são apresentadas como sendo muito condicionadas por diversos fatores: realizam-se no âmbito da difusão, que tem um ciclo de vida delimitado e independente da inovação e é determinada pelas decisões económico-financeiras dos potenciais utilizadores. Nestas circunstâncias, o mérito de Davies reside, fundamentalmente, no reconhecimento de dois aspetos complementares: de que a população dos utilizadores das inovações não é homogénea e de que o processo de difusão tecnológica se realiza de forma desigual e envolve práticas de aprendizagens de conhecimentos. No entanto, estes aspetos são tratados no âmbito de uma conceção da inovação como sendo uma dinâmica predominantemente linear, em que a difusão é determinada pela disponibilidade financeira dos utilizadores para adquirirem novos bens materiais e em que se subvalorizam os aspetos relacionados com a criação, ou oferta, de novos conhecimentos.

1.1.3. A difusão de inovações determinada pela oferta de novos bens imateriais

A relevância da criação de conhecimentos tem sido muito sublinhada por autores das teorias do crescimento endógeno, segundo as quais o crescimento económico tem uma natureza endógena, pois o crescimento gera crescimento, ao contrário da ideia contida na já referida lei da produtividade marginal decrescente dos fatores. Recorrendo à apresentação sintética e muito esclarecedora que Bruno Amable e Dominique Guellec (1992: 335-346) fazem de diversos trabalhos realizados no âmbito destas teorias, analisaremos o modo como a difusão de inovação é perspetivada em três modelos elaborados por autores representativos destas teorias: o modelo de Romer de 1990 e o modelo de Aghion e Howitt de 1992 referem-se à inovação de bens de produção, o modelo de Guellec e Ralle de 1993 à inovação do produto; qualquer destes modelos apresenta a I&D e, em particular a investigação de novos conhecimentos, como a principal fonte do progresso técnico e do crescimento económico.

Os dois modelos sobre a inovação de bens de produção partem da ideia de que os conhecimentos criados pela I&D têm uma dupla natureza: são bens privados, podendo ser apropriados ou comercializados, e são bens públicos geradores de externalidades intertemporais positivas, pois permitem que as futuras gerações de investigadores possam utilizar, sem custos, os conhecimentos criados anteriormente. Em face da coexistência destes rendimentos privados e sociais, são crescentes os rendimentos dinâmicos inerentes à criação dos conhecimentos que proporcionam o fabrico de novos bens de produção mais produtivos. Partindo destes pressupostos, o capital humano e os investimentos relacionados com a I&D são apresentados como as principais fontes do progresso técnico e do crescimento económico.

Estas ideias são tratadas, nos dois modelos relacionados com a inovação de bens de produção, através de entendimentos distintos sobre o modo como evolui o progresso técnico. No modelo de Romer, o progresso técnico é entendido como uma dinâmica cumulativa: os novos conhecimentos criados pela I&D permitem fabricar novos bens de produção mais especializados que se adicionam aos bens de produção antigos, sendo esta especialização crescente a fonte da melhoria da produtividade e a base do crescimento económico. No modelo de Aghion e Howitt, o progresso técnico é tratado como uma destruição criativa: os novos conhecimentos criados pela I&D permitem fabricar novos bens de produção que substituem os bens de produção antigos, sendo esta substituição a fonte da melhoria da produtividade e a base do crescimento económico; nestas circunstâncias, considera-se que a criação dos novos conhecimentos vai provocar, para além das externalidades intertemporais positivas anteriormente referidas, externalidades imediatas negativas relacionadas com as perdas sofridas pelo fabricante do antigo bem de produção que é substituído pelo novo.

Tal como estes modelos sobre a inovação de bens de produção, o modelo de Guellec e Ralle apresenta a I&D como a principal fonte de progresso técnico e de crescimento económico: o efeito dinâmico desta atividade está, agora, associado à criação de conhecimentos destinados ao fabrico de novos bens de consumo que permitem satisfazer as preferências dos consumidores pela diversidade e, deste modo, sustentar o crescimento da procura; também à semelhança dos dois modelos anteriores, esses novos conhecimentos são tratados como bens públicos geradores das referidas externalidades intertemporais positivas. Por outro lado, entende-se que, após um período breve em que um novo bem de consumo é comercializado em regime de monopólio, surgem imitadores e a comercialização do bem passa a fazer-se em regime concorrencial. Deste modo, considera-se, embora por razões diferentes das contidas no modelo de Aghion e Howitt, que o rendimento associado ao monopólio de um novo bem é temporário: a natureza temporária deste rendimento, e o correspondente surgimento de externalidades imediatas negativas, resulta agora do mecanismo de imitação, e não da substituição do bem antigo por um novo, como acontecia em Aghion e Howitt.

Os três modelos que acabam de ser referidos permitem avançar no tratamento das questões anteriormente colocadas na análise crítica da ideia da incorporação de novos conhecimentos nos fatores produtivos, na medida em que esclarecem algumas dessas questões, ao mesmo tempo que suscitam outras que poderão proporcionar o aprofundamento da reflexão sobre as questões já expostas.

Assim, permitem relacionar a incorporação de novos conhecimentos nos fatores produtivos com algumas práticas a montante dessa incorporação, na medida em que sublinham que o principal sustentáculo do progresso técnico é o nível de competências criativas do capital humano: em termos mais concretos, a fonte nuclear e o veículo fundamental da inovação tecnológica é a capacidade de recursos humanos muito qualificados para investigarem e criarem novos conhecimentos. A incorporação do progresso técnico no capital físico constitui, portanto, um veículo derivado do capital humano afeto à I&D: os efeitos induzidos por tal incorporação são determinados pelo nível desse capital humano. Esta ideia é desenvolvida, nos referidos três modelos, através de ideias importantes da economia da inovação, como as relacionadas com o efeito cumulativo ou de destruição criativa de muitas inovações ou o impacto de mecanismos de imitação ou a natureza parcialmente pública dos conhecimentos ou a existência de externalidades (imediatas ou intertemporais). No entanto, acaba por se fazer um tratamento simplista destes aspetos e das relações entre I&D, inovação e difusão de tecnologias.

Os modelos de crescimento endógeno referidos sobrevalorizam o papel da I&D como fator do progresso técnico e marginalizam as aprendizagens e os desenvolvimentos de conhecimentos que poderão verificar-se após o momento em que os novos conhecimentos criados pela I&D se transformam em novos bens de produção ou de consumo. Tudo se passa como se as aprendizagens ocorressem apenas durante as práticas relacionadas com a I&D, nomeadamente através do aproveitamento de externalidades intertemporais positivas associadas à utilização de conhecimentos criados em épocas anteriores, e desaparecessem a partir do momento em que se inicia o fabrico dos novos bens (de produção ou de consumo): segundo esta lógica, apenas o capital humano muito qualificado afeto à I&D tem capacidade para aprender novos conhecimentos. Ora, embora, como referimos, a intensidade do progresso técnico dependa, em grande medida, do nível de desenvolvimento da I&D, os fatores de sustentação desse progresso não se circunscrevem à I&D: as práticas de difusão e utilização das novas tecnologias podem conduzir à criação de novos conhecimentos, assim como os recursos humanos envolvidos em tais práticas podem ser agentes ativos importantes do progresso técnico.

Além disso, os aspetos institucionais inerentes às diversas atividades de inovação tecnológica estão ausentes dos modelos de crescimento endógeno referidos: as relações entre as atividades consideradas por esses modelos restringem-se a fluxos de *inputs* e de *outputs* de conhecimentos (da I&D para a atividade de produção de bens) e de bens acabados (da atividade produtiva para o consumidor final). O próprio acesso aos novos conhecimentos é tratado como sendo livre e instantâneo, o que, como também já referimos, não corresponde, frequentemente, à realidade.

No fundo, esta lacuna é também representativa do modo como tais modelos analisam, não só a natureza dos conhecimentos tecnológicos, tratando-os como se fossem essencialmente informações públicas e relativamente livres, mas também a «procura» desses conhecimentos, subvalorizada em relação aos sobrevalorizados elementos da «oferta» desses conhecimentos.

Cada uma das três diferentes propostas de análise referidas nesta subsecção (a ideia da incorporação do progresso técnico nos fatores produtivos, os modelos epidemiológico e «*probit*» e os modelos de crescimento endógeno) não deixa de esclarecer aspetos parcelares importantes da relação entre inovação e crescimento económico, mas nenhuma dessas propostas fornece uma compreensão global sobre essa relação. Esta limitação decorre da conceção predominantemente linear do processo de inovação comum a esses quadros e da consequente marginalização da natureza complexa e das dimensões institucionais inerentes às aprendizagens de conhecimentos. Ora, a natureza complexa e os aspetos institucionais de tais aprendizagens ocupam um papel central em análises desenvolvidas no âmbito da perspetiva evolucionista da inovação; interessa, por isso, saber se esta perspetiva permite, não só chegar a uma análise mais consistente das relações entre inovação e dinâmicas económicas de longo prazo, mas também a um entendimento sobre as transformações estruturais inerentes ao atual contexto tecnológico.

1.2. A perspetiva evolucionista sobre dinâmicas de longo prazo

Começaremos por identificar o quadro de análise global das dinâmicas de longo prazo subjacente à perspetiva evolucionista: partindo da caraterização das relações sistémicas entre inovação e difusão, definiremos paradigmas do desenvolvimento tecnológico e os processos através dos quais evoluem tais paradigmas. De seguida, aplicaremos essa perspetiva para caraterizarmos o modo como tem evoluído o sistema capitalista e o atual contexto.

1.2.1. Sistemas de inovação e paradigmas do desenvolvimento tecnológico

A aquisição de uma nova tecnologia gera, frequentemente, relacionamentos entre comprador/utilizador e vendedor/produtor dessa tecnologia; estes relacionamentos podem ser consolidados através de trocas de conhecimentos proporcionadas pela utilização da nova tecnologia, aprofundando-se as dependências mútuas entre difusão e inovação da nova tecnologia. A possibilidade de ocorrerem tais interdependências e a intensidade das aprendizagens subjacentes tendem a ser tanto maiores quanto mais elevados são os níveis de competências das organizações em presença. A inovação e a difusão de uma tecnologia não são, portanto, duas atividades independentes e sequenciais: a difusão de uma inovação abre possibilidades para relacionamentos organizacionais geradores de outras inovações que, por sua vez, se difundem, reforçando a natureza interdependente dessas duas atividades. Assim, a natureza sistémica que identificámos no desenvolvimento tecnológico das empresas constitui também uma caraterística muito marcante do processo de inovação das próprias tecnologias. Na sua essência, o processo de inovação de uma tecnologia constitui um sistema ou uma rede de conhecimentos e de competências que se estabelecem entre as várias organizações intervenientes na criação, utilização e desenvolvimento dessa tecnologia.

Ao mesmo tempo que são condicionadas pelas competências e pelos relacionamentos de diferentes organizações, as redes de inovação fornecem conhecimentos coletivos que podem ser utilizados por essas organizações, condicionando, assim, as aprendizagens das diferentes organizações que constituem essas redes. A dinâmica das redes de inovação realiza-se segundo processos que revelam, numa escala social mais ampla, a lógica evolucionista que identificámos no funcionamento interno das empresas: também o desenvolvimento das redes de inovação resulta de um confronto entre forças estabilizadoras das aprendizagens interorganizacionais e forças renovadoras dessas aprendizagens.

A participação das organizações numa rede de inovação favorece o desenvolvimento de interdependências coletivas ao nível das práticas, das linguagens, das capacidades interpretativas e da resolução de problemas próprios dessa rede. A estandardização e a crescente complementaridade dos conhecimentos produtivos reforça essas interdependências. Deste modo, tende a institucionalizar-se um amplo senso comum que contribui para estruturar a transferência de informações, uniformizar conhecimentos e estabilizar os modelos de interação social. Esta «macro rotina» tem — à semelhança das rotinas dos relacionamentos interindividuais — uma dimensão reguladora e uma dimensão cognitiva; a conjugação destas duas dimensões assegura uma coordenação global dos aspetos institucionais e tecnológicos associados ao funcionamento das diversas organizações. O reconhecimento da importância das interações destes aspetos com a atividade económica está contido nos conceitos de «regimes tecnológicos» de Richard Nelson e Sidney Winter, «paradigmas tecnológicos» de Giovanni Dosi e «paradigmas tecno-económicos» de Christopher Freeman. Não pretendendo analisar, aqui, as diferenças entre estes conceitos, interessa-nos, sobretudo, reter que a ideia comum a tais conceitos é a de que o desenvolvimento tecnológico se realiza no âmbito de «macro conjuntos» relativamente coerentes de organizações e de instituições relacionadas com a criação e o desenvolvimento de conhecimentos destinados a resolver problemas económicos específicos.

No âmbito de cada um desses «paradigmas do desenvolvimento tecnológico», as aprendizagens interorganizacionais evoluem segundo trajetórias que se desenvolvem, ao nível tecnológico e económico, de forma cumulativa. No entanto, como resultado da difusão excessiva de práticas de imitação passivas e da progressiva estabilização das aprendizagens dominantes de um paradigma, há a tendência para se criarem inércias institucionais e se registar uma progressiva desaceleração do desenvolvimento tecnológico e do crescimento económico. Apesar desta evolução tendencial, não deixa de haver a possibilidade de se verificarem interações de aprendizagens de conhecimentos mais ativas com as «macro rotinas» dominantes. Assim, ao mesmo tempo que existem trajetórias onde se verifica uma redução progressiva dos seus graus de liberdade e do seu potencial inovador, há lugar a pesquisas sobre novos conhecimentos. Estas pesquisas podem gerar novas combinações produtivas e conduzir a «destruições criativas» que, como referimos, são consideradas por Schumpeter como caraterísticas essenciais da evolução do capitalismo. A possibilidade de ocorrer essa transformação depende, em grande medida, da existência de uma base diversificada de conhecimentos, capaz de estimular a realização de novas práticas de pesquisa e de novos investimentos.

Embora importantes fontes de novas aprendizagens de conhecimentos, as pesquisas individuais isoladas ou os investimentos em domínios parcelares do processo de inovação, como na I&D, são insuficientes para sustentarem, por si só, o desenvolvimento de novas trajetórias tecnológicas e produtivas. Para essas trajetórias se desenvolverem, é necessário coordenar e integrar as pesquisas individuais ou as atividades de I&D em redes geradoras de novas aprendizagens coletivas. A coordenação de diversas práticas de pesquisa, individuais e coletivas, constitui, assim, um fator indispensável da criação e desenvolvimento de redes geradoras de novas tecnologias e de dinâmicas produtivas inovadoras. Por sua vez, o funcionamento destas novas redes é coordenado através de rotinas específicas; estas «meso rotinas» são, portanto, quadros reguladores a partir dos quais se criam novas interdependências de percurso e se desenvolvem, de forma cumulativa, as aprendizagens das novas trajetórias. O desenvolvimento destas novas trajetórias pode traduzir-se no surgimento de conjuntos (ou constelações) de inovações interdependentes geradores de novos setores produtivos mais dinâmicos, de novas qualificações profissionais e de novas formas de relações laborais.

Contudo, a afirmação destas inovações técnicas e organizacionais depara com resistências da lógica de funcionamento dominante (a «macro rotina») do paradigma em que surgem. Este confronto chega a prolongar-se por décadas, traduzindo-se numa crise de ajustamento estrutural e na deslocação descendente do paradigma tecnológico dominante, com desinvestimentos, elevadas taxas de desemprego e perturbações sociais e institucionais profundas. Este contexto turbulento não impede, porém, o desenvolvimento de práticas que conduzem à progressiva afirmação de um novo paradigma, que substitui o anterior; as mudanças de paradigma ocorrem, assim, na sequência de uma mudança estrutural que, pelas profundas descontinuidades que lhes são subjacentes, é considerada como uma «revolução tecnológica». Estas ruturas estruturais estão na origem de ciclos, ou ondas, com uma duração média de 50 anos verificados ao longo da história do sistema capitalista.

1.2.2. A evolução de ondas longas e o atual contexto tecnológico

Com base na análise de Kondratiev, na década de 1920, sobre as duas primeiras ondas longas da dinâmica do sistema capitalista e o movimento ascendente da terceira, e no trabalho de Schumpeter, sobre a relação entre ciclos económicos e inovações, diversos autores têm aprofundado e atualizado o estudo dessas transformações estruturais, tecnológicas, económicas e sociais. Recorrendo, sobretudo, ao trabalho de Freeman e Louçã (2004), passaremos a caraterizar as ondas longas que se podem identificar no período compreendido entre os finais do século XVIII e o momento atual.

A primeira onda longa (iniciada por volta da década de 1780) foi desencadeada a partir da Revolução Industrial britânica. A utilização da energia hídrica na mecanização da atividade têxtil, e da indústria algodoeira em particular, está associada a um conjunto de transformações diversificadas e muito importantes. Estas transformações expressam-se através do surgimento de novas organizações, como é o caso do aparecimento de fábricas, e de novos domínios produtivos, como os relacionados com a obtenção das novas fontes energéticas ou com o fabrico de maquinaria. A articulação entre estas transformações proporciona a expansão do processo de industrialização e o reforço do poder hegemónico da economia britânica. No entanto, a partir da década de 1820 aproximadamente, essa dinâmica ascendente entra numa crise de ajustamento estrutural, que se traduz em elevadas taxas de desemprego, em graves problemas sociais, em desinvestimentos e em intensas revoluções, ao mesmo tempo que se consolidam e difundem novas constelações de inovações que vão estar na base da prosperidade de um novo ciclo longo.

O movimento ascendente da segunda onda (iniciado por volta da década de 1840) foi impulsionado pelo desenvolvimento do transporte ferroviário, mas também do sistema de telecomunicações, com a invenção do telégrafo, e pela transformação do transporte marítimo, com a substituição do barco à vela pelo barco a vapor. A mecanização é, portanto, a base técnica das lógicas produtivas destas duas ondas, assim como o ferro e o carvão são *inputs* fundamentais de qualquer destas duas mecanizações. No entanto, se a energia hídrica foi o recurso energético básico da mecanização da primeira onda, a energia do vapor é o recurso energético básico da mecanização caraterística desta segunda onda longa. Revelador das continuidades e dos aspetos endógenos subjacentes a estas transformações tecnológicas é também o surgimento dos caminhos de ferro a partir da adaptação dos carris muito utilizados, já na primeira onda, na extração do carvão. A difusão do caminho-de-ferro, complementada pela disseminação das outras inovações, vai ter impactos económicos muito diversificados e expressivos: a redução de custos de transporte e de produção; o desenvolvimento da indústria de maquinaria, nomeadamente relacionada com o fabrico de componentes e equipamentos, e a criação de oficinas de reparação e manutenção; a expansão do emprego; o desenvolvimento do comércio; a criação de economias de escala em muitas indústrias; a concentração de capitais; a crescente importância da formação de profissionais, das práticas de gestão e da I&D. Os impactos económicos destas transformações são menos visíveis na economia britânica do que na aproximação (ou «*catching-up*») *de* duas economias de grande dimensão: a Alemanha e, sobretudo, os Estados Unidos da América. Porém, a partir da década de 1870, desencadeia-se uma crise de ajustamento estrutural, em que uma depressão, mais profunda e mais global que a da anterior onda longa, coexiste com a difusão de inovações que vão estar na base da dinâmica ascendente de um novo ciclo.

O movimento ascendente da terceira onda (iniciado por volta da década de 1890) assentou na expansão das indústrias da eletricidade e do aço, em que existem importantes economias de escala. A expansão destas indústrias induziu efeitos muito significativos em diversas atividades económicas: na construção de redes, não só de centrais geradoras de eletricidade, mas também de sistemas de distribuição de eletricidade; no fabrico de máquinas e equipamentos para essas redes; na indústria do cobre; na indústria química e na engenharia pesada. Complementarmente, a eletrificação permitiu reequacionar a localização de fábricas e criar novas áreas industriais. Por outro lado, em face da existência de importantes economias de escala nas novas indústrias, criaram-se grandes empresas, acentuando-se a tendência, que se tinha tornado já expressiva na onda anterior, para a concentração de capitais, para o desenvolvimento de técnicas de gestão especializadas e para a crescente aplicação de conhecimentos científicos à atividade produtiva. O crescimento económico gerado por estas transformações foi mais visível nos Estados Unidos, que consolidaram o seu poder como potência mundial. No entanto, com a Primeira Guerra Mundial, a dinâmica económica entra numa fase descendente, que se prolonga na década de 1920, com taxas de inflação muito elevadas, e conduz à Grande Depressão da década de 1930, com taxas de desemprego muito elevadas e quebras acentuadas na produção e no comércio internacional, e à Segunda Guerra Mundial, ainda mais destruidora que a primeira. Contudo, nesta crise de ajustamento estrutural, mais grave do que qualquer das anteriores, não deixou de haver lugar à progressiva consolidação de novas constelações de inovações que vão estar na base da dinâmica ascendente de um novo ciclo.

O movimento ascendente da quarta onda (iniciado por volta da década de 1940) foi impulsionado, principalmente, pela utilização intensiva de petróleo num conjunto diversificado de atividades produtivas. Entre estas atividades, ocupa um lugar central a indústria automóvel, onde se consolida a passagem de uma produção à unidade com ferramentas manuais para uma produção em série automatizada ao longo da linha de montagem e orientada para o consumo de massas. Como esta articulação entre a atividade produtiva e o consumo foi aplicada, de forma muito inovadora e com sucesso, por Henry Ford, ficou conhecida por fordismo. O impulso gerado pelo fordismo expressou-se no dinamismo de diversas atividades complementares: na construção de redes de vias rodoviárias, nomeadamente de auto estradas, e de estações de serviços; no fabrico dos diversos componentes utilizados na produção de automóveis e nas refinarias de petróleo; na indústria da aviação; na produção de tratores, e na consequente mecanização e motorização da agricultura; na produção de bens de consumo duradouros, como frigoríficos e máquinas de lavar.

O desenvolvimento destas indústrias baseou-se, essencialmente, na utilização, segundo uma lógica predominantemente fordista, de conhecimentos estandardizados destinados a produzir, mecanicamente e com o recurso intensivo do petróleo, grandes quantidades de bens homogéneos; a divisão funcional de conhecimentos produtivos estandardizados e a abundância de mão-de-obra pouco qualificada proporcionaram o sucesso de modelos de gestão empresarial assentes numa estrutura piramidal organizada em divisões relativamente autónomas. A integração desta divisão de trabalho na lógica de acumulação do capital fez-se com base em compromissos sociais, institucionalizados através da negociação coletiva, que asseguraram a reprodução das hierarquias constituídas e o alargamento do mercado de bens de consumo. Complementarmente, o Estado-Nação assumiu-se como regulador muito importante dos mercados: foi «fonte da oferta», investindo em setores essenciais, como energia e transportes; participou diretamente como «gestor da procura», assegurando uma indexação dos salários à evolução dos preços e a institucionalização do salário mínimo e de sistemas de segurança social. A complementaridade entre estas políticas *«keynesianas»* de gestão das economias e a lógica de produção e consumo de massas esteve na base da enorme expansão económica desta quarta onda longa, que poderemos denominar como paradigma fordista; esta expansão verificou-se ao longo dos «Trinta Gloriosos Anos» que se seguiram à Segunda Guerra Mundial, durante os quais se afirmou o poder hegemónico dos Estados Unidos na economia mundial. Porém, a coerência global do paradigma fordista e o poder hegemónico dos Estados Unidos são postos em causa na década de 1970, quando se inicia a crise estrutural, e respetivo movimento descendente, deste ciclo longo; a natureza endógena desta crise observa-se em vários domínios e estão relacionados com efeitos da própria dinâmica ascendente desta quarta onda.

Assim, como resultado do crescimento económico verificado durante a expansão do paradigma fordista, registou-se uma melhoria do nível de educação e de formação da população e uma crescente heterogeneidade dos mercados. Estas transformações, geradas pelo próprio desenvolvimento da produção de massa, tornam-se dificilmente compatíveis com um sistema técnico predominantemente assente na utilização de uma numerosa mão-de-obra pouco qualificada empregue em tarefas parcelares e orientado para a produção de bens estandardizados. O impacto destes fatores conduziu, na década de 1970, a uma degradação do clima social que pôs em causa o modo de regulação das relações entre o trabalho e o capital em que vinha assentando o funcionamento da empresa fordista. A perturbação introduzida pelo avolumar destes fatores endógenos foi agravada pelos aumentos dos preços do petróleo, no início e no final dos anos setenta: em face da forte intensidade energética caraterística do paradigma fordista, estes choques petrolíferos tornam mais limitada a eficácia do correspondente sistema técnico. Os limites da quarta onda longa expressaram-se, na década de 1970, através de deseconomias de escala e de um significativo abrandamento das taxas de crescimento da produtividade do trabalho e do capital. Ao mesmo tempo que tais limites se acentuavam, assistiu-se à progressiva consolidação de novas constelações de inovações e à emergência de um novo paradigma do desenvolvimento tecnológico e económico.

Este novo paradigma baseia-se na utilização das tecnologias da informação e comunicação e, mais concretamente, no desenvolvimento e na difusão de três indústrias criadas em décadas anteriores: as indústrias da eletrónica, dos computadores e das telecomunicações. Para o desenvolvimento destas atividades contribui muito a utilização de circuitos integrados, de microcomputadores, de tecnologias digitais e de fibras óticas, na medida em que conduzem, nas referidas indústrias, a aumentos de escala e a reduções de preços, ao mesmo tempo que proporcionaram um expressivo aumento geral da capacidade de transporte de informação a baixo custo.

Comparativamente com a lógica dominante no paradigma fordista, a difusão das tecnologias da informação permite tornar mais flexível e integrado o fabrico de produtos com uma menor intensidade energética, alterando-se a relação entre automatização e flexibilidade dos processos produtivos. Durante o paradigma fordista, predominava uma incompatibilidade entre o nível de automatização e o grau de flexibilidade operacional dos processos produtivos: as tecnologias ou eram pouco automatizadas e flexíveis ou tinham uma automatização rígida e especializada que permitia realizar operações simples e repetitivas destinadas a fabricar produtos estandardizados. Com o desenvolvimento das tecnologias de informação, a automatização passa a basear-se numa multiplicidade de programas (software) que, introduzidos nas máquinas (hardware), conferem a estas uma elevada flexibilidade global, com capacidade para fabricar uma diversidade estática e dinâmica de produtos (flexibilidade de «produto») e para variar o volume de produção (flexibilidade de «volume»); deste modo, compatibiliza-se o nível de automatização e o grau de flexibilidade operacional das tecnologias industriais.

Esta transformação começa por incidir na atividade diretamente produtiva, com as máquinas de controlo numérico, para se estender, gradualmente, a todas as funções da empresa, com a automação de funções logísticas, de controlo, administrativas e financeiras. A aplicação das tecnologias da informação à atividade das empresas tem-se desenvolvido, portanto, no sentido de dotar estas organizações com uma capacidade de afirmação técnico-económica mais integrada e flexível perante a crescente diferenciação da procura. «Integração», «flexibilidade» e «diferenciação» da atividade produtiva constituem, portanto, as expressões mais marcantes da aplicação das tecnologias de informação à atividade interna das empresas. O desenvolvimento destas novas tecnologias tem vindo a afirmar-se também em áreas que ultrapassam a atividade interna das empresas, embora constituam domínios que influenciam, decisivamente, a forma como se realiza essa atividade. Assim, regista-se uma expressiva aceleração da velocidade nas comunicações ferroviárias e aéreas, que permite uma aproximação muito mais rápida entre espaços. Complementarmente, a colocação em órbita de satélites e a utilização de cabos submarinos transatlânticos de fibras ópticas têm proporcionado uma verdadeira explosão na capacidade de transferir, em simultâneo e para diferentes partes do mundo, um número extraordinário de informações. Esta capacidade tem-se reforçado com a automatização das comunicações telefónicas, a difusão de computadores pessoais, a digitalização das telecomunicações, a colocação em órbita de telescópios espaciais, a utilização do sistema global de comunicações móveis via satélite e a impressionante expansão atual da Internet, que permite fundir meios de expressão orais, auditivos e visuais.

No âmbito deste novo paradigma tecnológico, coexistem lógicas produtivas diferenciadas (em que se combinam sistemas estruturalmente flexíveis com sistemas de produção de massa) que permitem responder à crescente diferenciação da procura. Na afirmação destas novas lógicas produtivas, acentua-se, de forma muito significativa, o crescimento, que se vinha esboçando desde a década de 1950, da importância relativa dos serviços na estrutura do emprego e da produção, como resultado da enorme e muito diversificada difusão das tecnologias nos três grandes grupos de serviços. Com efeito, embora esta aplicação seja particularmente visível nos «Serviços de Informação» (*«Information Services»*), propriamente ditos, em que se incluem atividades tão diferentes como a televisão e os serviços de consultoria e assistência técnica, as novas tecnologias são também muito utilizadas nos «Serviços Sociais» (*«Human Services»*), que abrangem atividades tão diversas como a assistência médica e social ou a emissão de documentos oficiais, e em «Serviços Físicos» (*«Physical Services»*), tradicionalmente utilizadores de tecnologias baseadas no consumo de eletricidade, como os serviços domésticos e os transportes (Cf. Miles, 2005: 442-3).

A generalizada difusão das novas tecnologias é também acompanhada por uma convergência entre as lógicas de funcionamento dos serviços e da indústria, observando-se uma «terciarização de indústrias» e uma «industrialização de serviços». Exemplo da primeira convergência é a compressão do tempo entre a atividade produtiva industrial e o consumo, como acontece com a produção à unidade e o sistema de «produção instantânea» (*«just-in-time»*); representativa da segunda convergência é a substituição de serviços por bens industriais que incorporam conhecimento codificado, de que são exemplo as já velhas máquinas de lavar. Como, de um modo geral, a prestação de serviços envolve contactos entre prestador e utilizador mais frequentes que a lógica tradicional dos outros setores, a elevada terciarização que acompanha a difusão das novas tecnologias contribui para tornar mais interativos os diferentes processos produtivos. Em síntese, quatro caraterísticas principais distinguem o sistema produtivo dominante no paradigma da informação do sistema produtivo dominante no paradigma fordista: i) maior importância dos serviços; ii) elevada integração flexível de atividades produtivas diferenciadas; iii) maior interdependência de conhecimentos produtivos complexos com um elevado conteúdo científico; iv) maior interatividade das dinâmicas inovadoras.

No entanto, as novas constelações de inovações não proporcionaram um crescimento económico tão intenso como o verificado nos «Trinta Gloriosos Anos» que se seguiram à Segunda Guerra, nem sequer uma dinâmica que possa ser considerada, efetivamente, como um sustentado movimento ascendente de uma nova onda longa: embora não deixem de se verificar, a nível internacional, dinamismos económicos conjunturais, são frequentes as estagnações e recessões das diversas economias.

A coexistência de uma intensa dinâmica inovadora com uma prolongada crise económica estrutural não é um paradoxo, assim como o não é a significativa presença, que Solow constata, de computadores em todos os domínios da economia menos nas estatísticas da produtividade. Só poderia ser considerado um paradoxo no âmbito de uma conceção linear e tecnologicamente determinística, segundo a qual a produtividade cresce na razão direta da difusão de inovações. Ora, o impacto da difusão de uma inovação no crescimento económico depende, não só dos efeitos específicos, diretos e indiretos, dessa inovação na atividade económica, mas também de efeitos mais difusos, como a criação de complementaridades tecnológicas e alterações institucionais favoráveis à disseminação e ao fortalecimento desses efeitos específicos; por isso, não é de esperar que a difusão de computadores conduza, só por si, a melhorias sustentadas da produtividade e ao crescimento económico. A prolongada crise económica que tem acompanhado a emergência do novo paradigma tecnológico e as profundas transformações das estruturas produtivas que lhe estão associadas revela, essencialmente, a existência de desajustamentos entre as duas dimensões subjacentes à difusão das novas constelações de inovações: o potencial económico específico dessas constelações e as complementaridades técnicas e institucionais de que dependem o aproveitamento efetivo e a difusão desse potencial. Procuraremos, de seguida, saber se estes múltiplos condicionalismos estão também presentes nas relações entre as dinâmicas de inovação e a evolução do emprego.

2. Dinâmicas inovadoras e emprego

O capítulo XXXI da obra de David Ricardo (1817: 449-462) é um interessante ponto de partida para uma reflexão sobre as relações entre inovação e emprego, pois nele são expressas duas posições contrastadas que contêm ideias importantes sobre o impacto da mecanização no emprego, embora não deixem de tratar de forma limitada essas relações. Partindo da apresentação das duas perspetivas deste autor, identificaremos princípios de análise dos diversos impactos da inovação no emprego.

2.1. Duas perspetivas «ricardianas» sobre o impacto da mecanização no emprego

David Ricardo começa por admitir que, se a mecanização de uma atividade provoca um crescimento da produção dessa atividade superior ao crescimento da procura dos correspondentes bens e, consequentemente, um desemprego dos recursos humanos dessa atividade, estes desempregados encontram ocupação noutra atividade, onde se verifique um crescimento da procura. Utilizando conceitos mais recentes, pode-se dizer que, de acordo com a perspetiva inicial de Ricardo, o processo de inovação tecnológica tem, globalmente, um efeito rendimento capaz de assegurar o crescimento sustentado do efeito capacidade e, deste modo, contrariar ou compensar um eventual desemprego que possa ser gerado, localmente, pela substituição de trabalhadores pelas novas máquinas. Este otimismo baseava-se na ideia de que a difusão das inovações conduz a uma redução geral dos preços sem haver uma redução dos salários, de tal modo que o efeito rendimento e a procura globais aumentam substancialmente e de forma generalizada, ao ponto de haver um aumento do produto (ou rendimento) bruto e a criação global de novos empregos capaz de compensar o número de desempregos gerados nalgumas atividades.

Numa segunda reflexão, Ricardo altera essa sua perspetiva inicial e passa a considerar que não é possível compensar o desemprego provocado pelas novas máquinas, pois entende que o objetivo de reduzir custos, que está na base da mecanização, conduz à redução do número de trabalhadores, independentemente de se verificar, ou não, uma diminuição do rendimento bruto No entanto, embora admita essa «permanente concorrência» entre desenvolvimento tecnológico e emprego, Ricardo defende que um país deve promover a modernização tecnológica da sua economia, por duas razões principais: ocupa mão-de-obra na construção das novas máquinas e ganha competitividade no mercado internacional através da redução de custos dos seus produtos.

Qualquer das duas perspetivas *«ricardianas»* representa uma tese extremada que pode constituir a hipótese de partida para analisar as relações entre inovação e emprego. No entanto, qualquer destas perspetivas trata essas relações a partir de pressupostos muito limitados, como o de reduzir o desenvolvimento tecnológico à introdução de novos processos produtivos baseados na mecanização e o de considerar que esse desenvolvimento tecnológico é determinado pelo objetivo de reduzir custos.

Ora, como já foi referido, a inovação tem um âmbito bastante mais amplo, que não se circunscreve à mecanização de processos e que abrange também domínios tão diversos como o surgimento de novos processos ou novos produtos, uma maior eficiência no fabrico de produtos ou na utilização de processos existentes, mudanças organizacionais, a criação de novas relações intrassectoriais ou intersectoriais. As alterações em qualquer destes domínios são, frequentemente, acompanhadas por modificações, mais ou menos radicais, do tipo de competências utilizadas na atividade económica, e a possibilidade de se verificarem estas modificações de competências é, por sua vez, condicionada por fatores tão diversos como o nível das competências existentes, os modelos de organização empresarial, as dinâmicas setoriais ou os sistemas de ensino e de formação profissional. Por outro lado, como também foi já referido, é muito redutor apresentar o desenvolvimento tecnológico como sendo determinado pela minimização de custos, como acontece na análise de David Ricardo. Tendo presente a natureza multidimensional destas relações entre inovação e emprego, procuraremos identificar princípios que permitam analisar, sobretudo, o impacto da inovação na evolução do emprego ao nível da empresa e do setor (nível micro e meso económico) e, mais desenvolvidamente, ao nível macroeconómico.

2.2. Inovação e evolução do emprego: os múltiplos níveis de uma relação complexa

Ao nível da empresa, a criação de um novo produto traduz-se, geralmente, na expansão da oferta e da procura, pelo que tende a ter, com frequência, um efeito positivo na quantidade e na qualidade do emprego. O impacto na quantidade do emprego está mais diretamente dependente do dinamismo da procura gerado pela inovação, enquanto o efeito na qualidade do emprego está mais diretamente relacionado com o grau de diferenciação tecnológica do novo produto. O aumento do emprego de recursos com igual nível de qualificação tende a estar relacionado com a produção de um novo bem que não requer competências novas; a produção de um novo bem diferenciado tende a estar relacionada com o desenvolvimento de novas competências.

No entanto, não se podem estabelecer relações determinísticas entre qualquer destes aspetos. Uma automatização rígida das tarefas, geradora de desemprego, pode ser o meio utilizado para fabricar um novo produto com uma procura muito dinâmica ou para fabricar um novo produto com uma forte intensidade tecnológica. O efeito negativo gerado pela inovação, ou pela simples utilização, de processos economizadores de trabalho pode anular os potenciais impactos positivos que a criação de novos produtos possa ter no emprego. A amplitude deste efeito negativo depende de vários fatores, tais como: as opções organizacionais de quem decide fabricar o novo produto e o nível de competências existentes na empresa ou no meio envolvente. Qualquer destes aspetos é influenciado por outros. As opções organizacionais de quem decide fabricar podem ser fortemente condicionadas pela lógica de funcionamento da empresa e pelas caraterísticas do meio envolvente. Por seu lado, o nível das competências empresariais e do meio envolvente é também condicionado pela qualidade das políticas públicas adotadas, nomeadamente das que têm uma maior incidência ao nível da formação do capital humano. O desemprego provocado diretamente por uma inovação numa empresa e a possibilidade de esse desemprego ser ocupado na realização de outras tarefas dependem, portanto, muito do modo como os fatores referidos se articulam na empresa inovadora, no respetivo setor e no ambiente macroeconómico envolvente.

Se uma inovação provoca desemprego na área da empresa em que tem uma incidência mais direta, os postos de trabalho desempregados podem ser ocupados na realização de tarefas de outras áreas da mesma empresa, gerando-se, assim, uma compensação endógena, no sentido muito restrito, na medida em que se realiza no interior da própria empresa em que se introduziu a inovação. A possibilidade de ocorrer esta compensação depende do modo como se conjugam, entre os diversos fatores anteriormente referidos, os mais diretamente relacionados com as especificidades da empresa (a intensidade da sua procura, as opções da respetiva direção, bem como as técnicas, as lógicas organizacionais e as competências existentes nas outras áreas da empresa), as políticas públicas de apoio à inovação das empresas e as competências dos trabalhadores que ficaram desempregados.

Uma outra compensação endógena, com um sentido mais amplo e externa à empresa, verifica-se se os desempregados da empresa, onde é introduzida a inovação, encontram trabalho noutra empresa do mesmo setor. A possibilidade de se verificar esta segunda compensação depende do modo como se conjugam, entre os diversos fatores anteriormente referidos, os mais diretamente relacionados com as especificidades do setor (a intensidade da procura do setor, as opções dos dirigentes das empresas, os comportamentos das organizações patronais e sindicais, o funcionamento do mercado de trabalho, assim como as técnicas, as lógicas organizacionais e as competências existentes nas outras empresas do setor), as políticas públicas de apoio à inovação dos setores e as competências dos trabalhadores desempregados.

Uma compensação sectorial exógena verifica-se se os desempregados da empresa, onde é introduzida a inovação, encontram trabalho numa empresa de outro setor. A possibilidade de se verificar esta compensação depende do modo como se conjugam, entre os diversos fatores anteriormente referidos, os mais diretamente relacionados com o contexto macroeconómico (a intensidade da procura global, as opções dos dirigentes das empresas, os comportamentos das organizações patronais e sindicais, o funcionamento dos mercados de trabalho, bem como as técnicas, as lógicas organizacionais e as competências existentes nos diversos setores), as políticas públicas de apoio à inovação e às inter-relações dos setores e as competências dos desempregados. A flexibilidade dos postos de trabalho é, sem dúvida, um elemento que condiciona a possibilidade de se verificar uma compensação exógena de desempregos que possam ser gerados por uma inovação; no entanto, a realização efetiva e a sustentação, no tempo, dessa compensação dependem da solidez das competências dos trabalhadores: um emprego pouco qualificado e flexível é, essencialmente, um emprego precário.

O impacto do desenvolvimento tecnológico no emprego e, em particular, a possível compensação do desemprego gerado por uma inovação não se realizam, portanto, de forma automática nem através do livre funcionamento do mercado: dependem das relações que se estabelecem, no conjunto da economia, entre diversos mecanismos, endógenos e exógenos da atividade em que ocorre a inovação. O efeito dessa dinâmica e a amplitude dos respetivos mecanismos de compensação dependem, por sua vez, do modo como se articulam fatores que podem integrar-se em três grandes grupos: o primeiro grupo corresponde aos aspetos relacionados com as caraterísticas técnicas, económicas e organizacionais das empresas inovadoras, dos respetivos setores e do ambiente macroeconómico; os fatores que integram o segundo grupo dizem respeito ao nível e à fluidez das competências dos trabalhadores; o terceiro grupo relaciona-se com a definição e execução das políticas públicas. Ora, vimos anteriormente que as dimensões técnicas, económicas e organizacionais da atividade empresarial tendem a evoluir de forma diferente nas várias fases de evolução dos paradigmas do desenvolvimento tecnológico.

Assim, um ambiente macroeconómico em que se observe uma coletiva capacidade inovadora, como na consolidação da fase ascendente de um paradigma tecnológico, tende a favorecer a difusão, não só de novas empresas, de novas atividades, de novas competências e de novos empregos, como também de mecanismos de compensação endógena e exógena dos postos de trabalho que possam desaparecer com a introdução de inovações. Por outro lado, um ambiente macroeconómico em que se verifique uma limitada capacidade inovadora, como na fase descendente de um paradigma tecnológico, tende a constranger o surgimento de novas empresas, de novas atividades, de novas competências e de novos empregos e, consequentemente, de mecanismos de compensação endógena e exógena dos postos de trabalho que possam desaparecer com a redução da procura global. A amplitude efetiva de qualquer destas duas dinâmicas tendenciais pode ser dificultada ou facilitada pelas políticas públicas adotadas.

Uma política orientada para apoiar lógicas de funcionamento do passado, ou alheia à evolução dos conhecimentos científicos e tecnológicos, pode ser: i) um obstáculo à efetiva afirmação do potencial expansionista da referida dinâmica ascendente ou ii) um fator de agravamento da natureza recessiva da dinâmica descendente e um obstáculo à realização do ajustamento estrutural adequado. Uma política orientada para apoiar lógicas de funcionamento do futuro e atenta à evolução dos conhecimentos científicos e tecnológicos pode contribuir para: i) promover a efetiva afirmação do potencial expansionista da dinâmica ascendente ou ii) reduzir a natureza recessiva da dinâmica descendente e promover as transformações estruturais necessárias. No entanto, o alcance das políticas públicas, o efetivo aproveitamento das dinâmicas macroeconómicas potenciais e o real impacto da inovação no emprego dependem do modo como evolui o nível de competências dos recursos humanos, ou seja, depende, não só das competências dos recursos humanos existentes no período que antecede a inovação, mas também do impacto dessa inovação na transformação dessas competências.

A existência, numa economia, de elevadas e diversificadas competências dos recursos humanos é, como referimos anteriormente, um dos principais fatores de criação de uma sólida capacidade de pesquisa, de utilização e de desenvolvimento de conhecimentos, favorecendo, portanto, o surgimento de inovações nessa economia e a consolidação da respetiva capacidade para utilizar e difundir essas inovações. Complementarmente, um elevado e diversificado nível de competências favorece também a possibilidade de os trabalhadores realizarem diferentes tarefas, alargando-se, assim, a flexibilidade operacional desses recursos. Por conseguinte, a existência, no período que antecede uma inovação, de um elevado e diversificado nível de competências dos recursos humanos pode contribuir, dupla-mente, para reduzir os efeitos negativos que essa inovação pode ter na quantidade do emprego: por proporcionar, como reconhecia mesmo a perspetiva pessimista de Ricardo, oportunidades de emprego relacio-nadas diretamente com a inovação em si, e também por favorecer uma flexibilidade operacional que pode viabilizar compensações endógenas ou exógenas do desemprego que possa ser provocado com a utilização e a difusão da inovação. No entanto, a forma como é introduzida uma inovação pode condicionar o modo como evoluem as competências dos trabalhadores e, consequentemente, os efeitos potencialmente induzidos pela existência, no período anterior a essa introdução, de elevadas e diversificadas competências dos recursos humanos.

Ora, como refere Mario Pianta (2005: 583-588), embora as inovações mais recentes tendam a substituir trabalho não qualificado (ao contrário da mecanização do século XIX, que desqualificou artesãos), não existe qualquer determinismo na relação entre o desenvolvimento tecnológico recente e a evolução das qualificações e das estruturas salariais dos trabalhadores, como o provam as experiências dos Estados Unidos e da Europa. O desenvolvimento tecnológico foi acompanhado, nos Estados Unidos, pela criação de novos empregos muito remunerados no topo e pelo crescimento significativo de empregos pouco qualificados e pouco remunerados, registando-se uma forte polarização da estrutura de salários e de qualificações. Na Europa, o desenvolvimento tecnológico foi acompanhado por alterações organizacionais, por um recurso mais significativo a trabalhadores com qualificações intermédias e por uma maior participação dos sindicatos, sendo menor a polarização da estrutura de salários e de qualificações. Por conseguinte, embora as dinâmicas inovadoras sejam acompanhadas por reestruturações de conhecimentos e de competências, também o impacto específico dessas dinâmicas na qualidade do emprego é indeterminado. Esse impacto depende do modo como se articulam aspetos mais materiais e técnicos com aspetos mais imateriais e organizacionais. Sendo condicionado por estes múltiplos fatores, o impacto da inovação na qualidade do emprego é, por sua vez, também um dos fatores que condicionam o impacto da inovação na quantidade do emprego; esta interdependência de condicionalismos múltiplos traduz a natureza complexa e sistémica das relações entre inovação e emprego.

Os elementos que temos vindo a analisar permitem-nos concluir que qualquer das duas perspetivas de Ricardo sobre a relação entre inovação e emprego incide sobre um aspeto dessa relação, mas nenhuma dessas perspetivas proporciona, por si só, um entendimento global das várias expressões que essa relação assume. Existem situações que confirmam, globalmente, o sentido das relações contidas na perspetiva otimista inicial deste autor, assim como outras situações convergem, globalmente, com o sentido das relações contidas na perspetiva pessimista deste autor. No entanto, o estudo de qualquer destes tipos de situações requer uma abordagem sistémica que, integrando instrumentos analíticos mais complexos do que os contidos em qualquer das duas perspetivas de Ricardo, permita identificar as relações entre os processos de desenvolvimento tecnológico e as caraterísticas dos contextos espaciais em que esses processos se realizam.

Como este capítulo conduz também à ideia de que as relações entre inovação, emprego e crescimento económico parecem ser condicionadas pelas caraterísticas dos contextos espaciais em que ocorrem, o estudo das especificidades de tais contextos é um elemento complementar da análise dessas relações.

III. INTERNACIONALIZAÇÃO, ESPAÇOS E CAPACIDADES INOVADORAS

Nos últimos anos, tem-se assistido a significativas alterações nas lógicas de difusão internacional dos conhecimentos tecnológicos. A difusão do paradigma fordista realizou-se numa economia internacional com um crescimento muito expressivo e uma estabilidade global assente na relativa autonomia da capacidade reguladora dos diferentes Estados-Nação e num sistema de relações internacionais hierarquizado e simples; neste sistema, a economia norte-americana ocupava uma posição hegemónica muito marcada e a regulação global era assegurada por organizações e regras criadas com os acordos de Bretton Woods. Mais turbulenta e incerta tem sido a difusão internacional do paradigma das tecnologias da informação: por um lado, com a desaceleração do crescimento económico e o avolumar da crise financeira de muitos países, tem-se reduzido a relativa autonomia e a amplitude da capacidade reguladora global dos diferentes Estados-Nação; por outro lado, a regulação das relações internacionais passou a ser mais policêntrica e muito instável, ao mesmo tempo que tem aumentado o poder das empresas multinacionais. Perante estas circunstâncias, interessa saber como se articulam a difusão internacional das novas tecnologias da informação, as especificidades dos diferentes espaços nacionais ou regionais e o dinamismo económico desses espaços.

De acordo com autores liberais, como Kenichi Ohmae (1995), a difusão internacional das tecnologias da informação proporciona a livre circulação dos diversos fatores produtivos e determina a convergência de padrões do consumo, da cultura, da conceção do mundo, com uma tal intensidade que a história, as relações de proximidade geográfica, as integrações em espaços nacionais e os hábitos condicionam, cada vez menos, o comportamento dos consumidores, assim como as identidades e as dinâmicas tecnológicas e económicas das diferentes sociedades. Segundo esta perspetiva, a exposição dos diversos espaços à livre circulação dos fluxos tecnológicos passou a ser o principal fator da competitividade internacional desses espaços e conduz à convergência desses espaços para uma economia global de informação descontextualizada. Ora, referimos, no capítulo anterior, que o sentido das relações entre dinâmica inovadora, crescimento económico e emprego parece ser condicionado pelas caraterísticas específicas dos contextos onde tais relações ocorrem, não podendo, por isso, definir-se uma relação determinística entre esses três aspetos nem uma convergência das economias para qualquer modelo de funcionamento único.

Neste terceiro capítulo, pretendemos conhecer as relações que se estabelecem entre internacionalização, inovação, especificidades e dinamismos dos espaços económicos. Começaremos por evidenciar que a competitividade internacional de um espaço não é determinada, como pretende Ohmae, pela simples exposição desse espaço ao comércio internacional, sendo influenciada pelas caraterísticas internas desse espaço e, em particular, pela respetiva capacidade inovadora (secção 1); de seguida, demonstraremos que as capacidades inovadoras dos espaços dependem das especificidades desses espaços (secção 2). O tratamento destes aspetos pode também contribuir para esclarecer uma questão mais ampla da ciência económica: as economias nacionais e regionais são realidades passivas determinadas por forças exógenas homogeneizadoras ou possuem uma capacidade própria para promoverem dinâmicas específicas?

1. Comércio internacional e fatores internos de competitividade das economias

As análises sobre as relações entre o comércio internacional e os fatores internos de competitividade das economias podem ser integradas em dois grupos principais: o grupo das que destacam a importância de fatores predominantemente materiais inerentes às atividades das economias antes da respetiva abertura ao comércio internacional, como as análises de David Ricardo e de Heckscher-Ohlin; o grupo das que sublinham a importância de fatores mais imateriais, relacionados com a capacidade que as economias possuem para criarem, aprenderem ou desenvolverem novos conhecimentos, como as análises de Posner e de Vernon.

1.1. A relevância de fatores predominantemente materiais

No âmbito da análise de David Ricardo (1817: 143-167) sobre o comércio externo, a produção do bem em que uma economia tem vantagem comparativa[8] será a base da atividade exportadora, e da consequente especialização internacional, dessa economia.

Segundo o pensamento «*ricardiano*», cada economia deverá concentrar os seus recursos na produção do bem em que tem vantagem comparativa, de modo a produzir uma quantidade tal que permita satisfazer as suas necessidades internas desse bem e pagar as importações do bem que deixou de produzir internamente. No âmbito desta lógica, a especialização das economias nos bens em que têm vantagens comparativas favorecerá o desenvolvimento, não só de processos produtivos que permitam reduzir custos, mas também de ligações com outras atividades a montante e a jusante de tais processos; complementarmente, esta especialização das economias conduzirá a uma convergência, no mercado internacional, dos preços dos bens para um nível inferior aos praticados antes dessas

---

[8] Admitamos que o país X produz um bem A numa hora de trabalho e um bem B em duas horas, enquanto o país Y produz um bem A em três horas e um bem B em quatro horas: entendendo o custo relativo de um bem num país como o resultado da divisão entre o tempo gasto na sua produção e o tempo da produção de outro bem, então o custo relativo de A é, no país X, metade do de B e, no país Y, 3/4 do de B (e o custo relativo do bem B é, no país X, o dobro do de A e, no país Y, 4/3 do de A); definindo custo de oportunidade de um bem como a quantidade de um outro bem que se deixa de produzir para se obter esse bem, então os custos relativos indicados correspondem a custos de oportunidade. Assim, o país X produz os dois bens com custos absolutos inferiores e tem, por isso, vantagem absoluta em qualquer desses bens, mas tem vantagem relativa, ou comparativa, no bem A, que produz internamente com menor custo relativo ou menor custo de oportunidade; o país Y não tem vantagem absoluta em nenhum bem, mas tem vantagem comparativa no bem B.

especializações, uma vez que a especialização de cada economia assentará no fabrico do bem que tem menores custos de oportunidade.

A valorização de fatores de competitividade predominantemente materiais está também presente na análise proposta, nas décadas de 1920 e 1930, por Eli Heckscher e Bertil Ohlin sobre os padrões de especialização económica dos diferentes países. A perspetiva destes autores baseia-se no raciocínio, contido em abordagens convencionais referidas no primeiro capítulo, sobre a relação entre quantidades relativas e preços relativos dos fatores produtivos. Assim, de acordo com esta análise, as quantidades relativas dos fatores produtivos de uma economia determinam os preços relativos desses fatores, que, por sua vez, determinam os custos de produção dos diferentes bens dessa economia, que, por sua vez, determinam o perfil da especialização produtiva e das trocas comerciais da correspondente economia. A dotação fatorial inicial de uma economia constitui, portanto, o elemento que determina a natureza da vantagem comparativa dessa economia e o respetivo padrão de especialização: cada país deverá basear as suas exportações nos bens que utilizam mais intensivamente o fator relativamente mais abundante e menos caro nesse país.

Um corolário desta teoria, também conhecida como teorema de Heckscher-Ohlin, é a ideia de que a aproximação («*catching-up*») dos países menos desenvolvidos, relativamente a países mais desenvolvidos, deve basear-se na utilização de tecnologias intensivas em trabalho. Em termos mais concretos, os países menos desenvolvidos, por possuírem dotações relativamente mais abundantes de trabalho pouco qualificado e salários mais baixos, deveriam concentrar as suas especializações e exportações em bens cuja produção é relativamente mais intensiva neste fator e importar bens relativamente mais intensivos em capital; baseando-se a competitividade internacional destas economias em técnicas mais intensivas no trabalho, o desenvolvimento tecnológico ocorreria com aumento da taxa de emprego (ou com diminuição da taxa de desemprego). Complementarmente, ao conduzirem a uma melhor remuneração dos recursos relativamente mais abundantes nas economias, as especializações dessas economias e a liberdade do correspondente comércio internacional favoreceriam também uma melhor distribuição do rendimento entre os fatores produtivos e uma tendencial equalização mundial dos preços desses fatores.

Na sua essência, as duas análises referidas sobre o comércio internacional partilham a ideia geral de que os agentes de uma economia têm capacidade para escolherem a atividade que constituirá o elemento nuclear da especialização e da competitividade internacional dessa economia; esta escolha baseia-se na comparação dos diferentes níveis de eficiência das produções dos vários bens dessa economia (princípio «*ricardiano*») ou entre os preços relativos dos diversos fatores produtivos (teorema de Heckscher-Ohlin). A referida ideia geral contém duas ideias mais concretas: ia) as possíveis bases da especialização e competitividade internacionais de uma economia estão relacionadas com caraterísticas internas que conferem heterogeneidade e especificidade a essa economia, como são os diferentes níveis de eficiência das produções dos vários bens (princípio «*ricardiano*») ou as diversas quantidades relativas dos fatores produtivos (teorema de Heckscher-Ohlin); ib) a opção pela atividade produtiva nuclear dessa especialização e competitividade constitui uma escolha racional perfeita, baseada na comparação entre custos/preços relativos de atividades/fatores e consubstanciada na afetação dos recursos disponíveis à produção do bem com menor custo relativo (princípio «*ricardiano*») ou mais intensiva no recurso relativamente mais abundante e menos caro (teorema de Heckscher-Ohlin). Estas duas análises partilham também a ideia de que o padrão de especialização produtiva e a competitividade de uma economia consolidam-se através de duas vias principais: iia) da mobilidade perfeita dos recursos internos dessa economia, como acontece com a transferência de recursos das produções com maiores custos relativos ou mais intensivas no recurso relativamente mais caro para a produção com menor custo relativo (princípio «*ricardiano*») ou mais intensiva no recurso relativamente menos caro (teorema de Heckscher-Ohlin); iib) do livre comércio internacional dos produtos gerados pelas especializações das diferentes economias.

Em síntese, os dois quadros de análise consideram que a origem e a consolidação dos fatores de especialização e de competitividade de uma economia dependem fundamentalmente de dois elementos principais: das caraterísticas específicas dessa economia e da plena liberdade na circulação e nos mercados, não só de fatores produtivos dentro das economias, mas também de produtos entre economias especializadas. De acordo com os referidos quadros de análise, este comércio livre intra e internacional conduzirá a uma crescente multiplicidade de padrões heterogéneos de especialização das economias, cada um dos quais construído com base no reforço de caraterísticas internas de cada economia. Pode-se, portanto, considerar que, segundo esta lógica, os fatores de competitividade de uma economia são endógenos e interagem com a identidade dessa economia: a competitividade internacional de uma economia emerge a partir das caraterísticas em que assenta a identidade produtiva dessa economia e a consolidação dessa competitividade realiza-se através do reforço dessa identidade. A identidade produtiva, e principal base de competitividade, de uma economia corresponde à atividade dessa economia que permite, dentro das restrições objetivas relacionadas com os diferentes níveis de eficiência das várias atividades ou com as quantidades relativas dos fatores produtivos, minimizar custos.

Reencontramos, deste modo, a ideia, presente nas perspetivas centradas nos fatores materiais da mudança técnica empresarial referidas no primeiro capítulo, de que a minimização de custos/preços determina, em grande medida, as decisões dos agentes económicos e, consequentemente, o modo como evolui a atividade económica e as técnicas subjacentes a esta evolução. Inserindo-se numa lógica semelhante à dessas perspetivas, as análises de Ricardo e de Heckscher-Ohlin radicam também no pressuposto de que a criação/gestão dos fatores internos da competitividade internacional das economias baseia-se numa racionalidade perfeita e em decisões ótimas, apenas sujeitas às referidas restrições materiais, sobre a seleção dos parâmetros quantitativos em presença. A tese de uma aproximação dos países menos desenvolvidos se basear na utilização de tecnologias intensivas em trabalho (ou, como é evidente, a ideia de os países mais desenvolvidos sustentarem o seu crescimento através de técnicas mais intensivas em capital) — que constitui, como referimos, um corolário do teorema de Heckscher-Ohlin, — expressa, ao nível macroeconómico, a tese de Hicks, identificada no primeiro capítulo, segundo a qual o motivo económico que explica o sentido do desenvolvimento tecnológico é o objetivo de economizar o fator produtivo que tem um maior preço relativo. São também várias as limitações que se podem indicar a essa hipotética estratégia de desenvolvimento dos países com diferentes dotações fatoriais: as tecnologias não são um bem público e livre; as combinações técnicas de fatores são limitadas; como as técnicas mais intensivas em trabalho requerem, frequentemente, recursos humanos com elevadas competências, o crescimento económico de muitos países menos desenvolvidos tende a basear-se em técnicas intensivas em capital.

Um primeiro teste empírico à validade do teorema de Heckscher-Ohlin foi feito, no início da década de 1950, através da análise de Wassily Leontief sobre a composição dos fluxos do comércio internacional da economia norte americana. Este autor constatou que o valor do rácio do capital por trabalhador das importações dos EUA é cerca de 23% superior ao valor que esse rácio tem nas exportações deste país; ora, segundo o teorema de Heckscher-Ohlin, seria de esperar que um país com uma maior abundância relativa de capital, como os EUA, exportasse bens relativamente mais intensivos em capital e importasse bens relativamente mais intensivos em trabalho. O confronto entre esta constatação e a tese de Heckscher-Ohlin, conhecido como «paradoxo de Leontief», não deixa de ser um indicador da limitada capacidade explicativa de teorias sobre o comércio internacional que, concentradas na análise de fatores materiais, não permitem compreender as relações dinâmicas que se estabelecem entre as capacidades inovadoras de uma economia e a competitividade internacional dessa economia.

1.2. Efeitos dinâmicos da inovação

O corolário de que a aproximação («*catching-up*») dos países menos desenvolvidos se deve basear na utilização de tecnologias intensivas em trabalho é um exemplo da referida incapacidade, do teorema de Heckscher-Ohlin, para identificar as relações que se estabelecem entre desenvolvimento tecnológico, competências dos recursos humanos e competitividade de uma economia. São dois e complementares os principais tipos de razões que permitem evidenciar o irrealismo daquele corolário e do correspondente pressuposto sobre uma perfeita substituibilidade dos fatores produtivos: razões de natureza genérica e razões relacionadas com as caraterísticas específicas dos países menos desenvolvidos.

Incluem-se no primeiro destes grupos de razões, argumentos já referidos e que, por isso, nos limitaremos a indicar agora muito sinteticamente: não só, a racionalidade dos agentes económicos é limitada, como a tecnologia não é um bem público e livre, moldável a infinitas opções técnicas ou a flexíveis combinações de fatores. As caraterísticas específicas dos países menos desenvolvidos, nomeadamente os baixos níveis de qualificação dos seus recursos humanos, são também aspetos que condicionam muito, em termos gerais, a amplitude dos possíveis modelos de desenvolvimento tecnológico destes países e, muito em particular, a hipotética opção por um modelo assente na utilização intensiva do trabalho. Com efeito, as técnicas intensivas em trabalho requerem, frequentemente, competências muito elevadas que nem sempre estão disponíveis nos países menos desenvolvidos; estas limitações ou a procura em obter melhorias rápidas da produtividade explicam que a aproximação tecnológica dos países menos desenvolvidos assente, frequentemente, na utilização de técnicas mais intensivas em capital.

Uma perspetiva mais realista das relações entre desenvolvimento tecnológico e competitividade internacional das economias está presente nas análises «*neoschumpeterianas*» de Posner (1961), sobre as latências na evolução tecnológica de países menos desenvolvidos, e de Vernon (1966), baseada no ciclo do produto.

Segundo estes autores, o dinamismo do comércio internacional é o resultado do desigual desenvolvimento tecnológico dos diferentes países. De forma mais ou menos explícita, consideram que diversos fatores explicam que os países com maior rendimento por habitante tenham uma maior capacidade inovadora: o elevado nível de qualificação dos trabalhadores; o relacionamento próximo e interativo das atividades produtiva e comercial das empresas; o elevado nível de rendimento médio dos habitantes. A existência de trabalhadores muito qualificados e o relacionamento próximo das atividades produtiva e comercial das empresas favorecem a criação, nesses países, de uma elevada capacidade para conceberem novos produtos e para introduzirem as melhorias necessárias ao desenvolvimento desses produtos e das correspondentes tecnologias de fabrico; complementarmente, o elevado nível de rendimento médio dos habitantes proporciona uma procura potencial elevada que reduz o risco de se tornar economicamente insustentável a comercialização do novo produto e, consequentemente, estimula as iniciativas relacionadas com o fabrico de novos produtos. Por outro lado, ambos os autores relacionam o sentido das trocas comerciais com a difusão dos produtos e das correspondentes tecnologias produtivas dos países de elevado rendimento para os países com rendimentos por habitante médios ou baixos.

Posner recorre à análise «*schumpeteriana*», sobre as relações entre a duração do monopólio do inovador e a rapidez dos imitadores, para desenvolver a ideia de que o desigual desenvolvimento tecnológico das diferentes economias é a principal fonte do dinamismo do comércio internacional. Assim, um país que cria um novo bem adquire uma capacidade para conquistar mercados externos, de países com um nível tecnológico inferior, para os quais passa a exportar esse novo bem, segundo um regime de quase-monopólio; este fluxo comercial realiza-se até ao momento em que os países importadores sejam capazes de imitarem o processo de fabrico do novo bem e de satisfazerem, com os recursos domésticos, a sua própria procura interna. No entanto, o comércio internacional é perpétuo, pois, ao longo do tempo, há, não só um permanente fluxo de inovações, criadas por países tecnologicamente mais avançados, mas também uma desigual capacidade dos diferentes países menos criativos para promoverem internamente aprendizagens de conhecimentos baseadas na imitação e dinâmicas económicas domésticas que satisfaçam a procura interna de bens inicialmente importados. Esta análise de Posner é, em grande medida, alargada pela perspetiva de Vernon sobre as relações entre a evolução dos conhecimentos tecnológicos ao longo do ciclo de vida dos produtos e a dinâmica internacional do comércio e do investimento.

Vernon parte também da ideia de que o empresário que introduz um novo bem no mercado usufrui de um monopólio temporário que lhe permite praticar preços relativamente elevados que possibilitarão remunerar o investimento e o risco relacionados com a realização dessa inovação; esta ação inovadora do empresário tornar-se-á mais forte se houver uma estreita comunicação com uma procura dinâmica que seja, não só potencialmente favorável ao surgimento de novos produtos, mas também exigente quanto à efetiva fiabilidade desses produtos. Como — por razões económicas, sociais e culturais — a procura de novos produtos tende a ser, em países com níveis de rendimento mais elevados e muito particularmente nos EUA, mais rígida em relação aos aumentos do preço e exigente com a qualidade, este último país é apresentado como o espaço onde começam por ser introduzidos os novos bens.

Durante a fase de maturidade do produto, a respetiva procura expande-se, a tecnologia utilizada na sua produção torna-se mais estável, a capacidade da oferta alarga-se e o preço do produto baixa; estas circunstâncias levam os empresários inovadores a concentrarem-se na procura externa, exportando e, em países de rendimentos mais elevados da Europa, investindo diretamente ou associando-se a produtores locais. Numa terceira fase, os conhecimentos tecnológicos tornam-se de tal modo rotineiros que se estandardizam as técnicas de produção e as caraterísticas do produto, acentuando-se a evolução que se vinha sentindo, durante a maturidade, na expansão da oferta e da procura e na descida do preço do produto; nesta fase de estandardização do produto, em que a rentabilidade dos investimentos passa a depender fundamentalmente da redução de custos de produção, a oferta transfere-se para países de baixos níveis de rendimento, os produtores originais saem completamente do mercado e o país de origem do bem passa a recorrer às importações para satisfazer a procura interna desse bem.

Esta evolução do ciclo de vida dos produtos e as correspondentes alterações nas tecnologias e nas localizações dos respetivos processos produtivos explicariam o referido «paradoxo de Leontief»: de acordo com Vernon, os EUA exportavam produtos novos fabricados com processos mais intensivos em trabalho e importavam produtos maduros fabricados por processos estandardizados mais intensivos em capital. Assim, segundo esta perspetiva, as aproximações tecnológicas de economias menos desenvolvidas terão por base investimentos em bens de capital destinados a mecanizar atividades tradicionais, não sendo, portanto, razoável defender, como se deduz do teorema de Heckscher-Ohlin, que tais dinâmicas assentem em tecnologias intensivas em trabalho.

Uma semelhança entre as análises de Posner e de Vernon, e as de Ricardo e de Heckscher-Ohlin é a ideia de que a lógica de funcionamento fundamental subjacente à construção da capacidade competitiva de uma economia reside na ampla liberdade das trocas comerciais que se realizam dentro dessa economia e entre essa economia e o meio internacional envolvente. No entanto, os elementos através dos quais essa lógica é dinamizada e a competitividade da economia é consolidada têm natureza diferente nas mencionadas abordagens: as análises de Ricardo e de Heckscher-Ohlin sublinham a importância de fatores físicos predominantemente materiais, que proporcionam produções com menores custos relativos ou mais intensivas no fator relativamente menos caro; os modelos de Posner e de Vernon destacam a relevância de fatores cognitivos predominantemente imateriais, que proporcionam produções baseadas na inovação, na imitação ou na estandardização de tecnologias.

A principal base da competitividade de uma economia é também perspetivada de forma diferente naquelas abordagens: segundo as análises de Ricardo e de Heckscher-Ohlin, essa base corresponde à atividade que permite (dentro de restrições relacionadas com os diferentes níveis de eficiência das várias atividades ou com as quantidades relativas dos fatores produtivos) minimizar custos produtivos; de acordo com os modelos de Posner e de Vernon, essa base corresponde à atividade que permite (dentro de restrições relacionadas com as diferentes capacidades de criação ou utilização de novos conhecimentos) inovar, imitar ou estandardizar conhecimentos produtivos.

Os modelos de Posner e de Vernon têm, portanto, o mérito de sublinharem a importância da inovação como fator de desenvolvimento da atividade económica, do comércio internacional e da competitividade das economias nesse comércio. No entanto, o processo de inovação e difusão é perspetivado, em qualquer desses dois últimos modelos, a partir de três ideias principais que estão também presentes no modelo epidemiológico de difusão anteriormente estudado (e, de forma menos expressiva, na análise «*schumpeteriana*»): i) a evolução de uma tecnologia é independente da evolução de outras tecnologias; ii) o desenvolvimento de uma tecnologia é um processo predominantemente linear, constituído por uma introdução inicial no mercado, uma fase de crescimento, uma maturidade e uma estandardização, tratadas como fases sequenciais e independentes; iii) a inovação e a difusão são também duas fases sequenciais e independentes do desenvolvimento tecnológico. Ora, qualquer destas ideias é pouco adequada numa análise sobre os atuais processos de inovação e difusão, que têm uma natureza interdependente, complexa e sistémica.

A forma como Posner e Vernon perspetivam, no espaço internacional, o processo de criação e difusão de novos conhecimentos tecnológicos é também coincidente com ideias presentes no modelo epidemiológico. As novas tecnologias são concebidas como inovações criadas num reduzido número de países mais desenvolvidos, em particular nos EUA, e difundidas por países tratados, essencialmente, como utilizadores dos conhecimentos contidos nessas inovações: estes últimos países podem apropriar-se (através da imitação, segundo Posner, ou da estandardização, segundo Vernon) dos conhecimentos tecnológicos importados que «utilizam», mas não desenvolvem uma capacidade própria significativa que lhes permita passarem a ser criadores de novas tecnologias. Em síntese, embora tenham o mérito de sublinharem a importância da inovação como fator de desenvolvimento da atividade económica, do comércio internacional e da competitividade das economias nesse comércio, os modelos de Posner e de Vernon contêm duas limitações principais: perspetivam as relações entre a inovação e a difusão internacional de tecnologias segundo uma conceção predominantemente linear; não permitem identificar processos de «*catching-up*» baseados na criação e no dinamismo de capacidades inovadoras específicas em economias inicialmente menos desenvolvidas.

Ora, estudos recentes realizados no âmbito da perspetiva evolucionista evidenciam, como o de Fagerberg e Godinho (2005), que o «*catching-up*» observado, durante a segunda metade do século vinte, em países europeus e asiáticos baseou-se em lógicas de funcionamento sistémico e em fatores mais dinâmicos e complexos que os identificados por Posner e Vernon.

Com efeito, esses fatores residem, não na importação/adoção de técnicas anteriormente criadas em países inicialmente mais desenvolvidos nem na simples acumulação de capital físico, mas em inovações organizacionais e em tecnologias específicas promovidas pelos países inicialmente menos desenvolvidos. Em termos mais concretos, a aplicação de "instrumentos institucionais", nomeadamente políticos, e a realização de elevados esforços na formação de competências avançadas e de infraestruturas de I&D permitiram que países inicialmente menos desenvolvidos ganhassem "capacidade social" para realizarem trajetórias tecnológicas específicas e melhorassem os respetivos ritmos de crescimento económico. Todavia, não é possível definir-se uma via única de desenvolvimento válida para todos os países, pois as dinâmicas de «*catching-up*» realizadas têm caraterísticas e intensidades diversificadas, conforme as naturezas dos comportamentos dos agentes relevantes e as especificidades dos contextos de cada país. Interessa, portanto, procurar conhecer em que medida a análise sistémica das especificidades dos contextos espaciais permite compreender o nível de desenvolvimento das capacidades inovadoras desses contextos.

2. Especificidades espaciais e inovação

As relações entre as caraterísticas específicas dos espaços e os processos de inovação têm vindo a ser perspetivadas segundo diversos trabalhos que podem ser integrados em dois grupos principais, consoante as escalas das respetivas propostas de análise: no primeiro grupo, incluem-se os trabalhos que têm o espaço nacional como referência, nomeadamente no âmbito de uma conceção sistémica da inovação; o segundo grupo, bastante mais heterogéneo, é constituído por diversas abordagens sobre a relevância das proximidades que ocorrem nos espaços regionais ou locais.

2.1. O espaço nacional como referência

De acordo com Michael Porter (1990), a competitividade das empresas e das nações constrói-se com base nas relações específicas que se estabelecem, em cada economia, entre quatro «determinantes», apresentados como vértices de um «diamante»: a qualidade dos fatores produtivos, como o trabalho; a natureza da procura interna; as atividades complementares de indústrias internacionalmente competitivas; as estruturas e as estratégias empresariais. Em função da maior ou menor importância de cada um destes «vértices», Porter identifica quatro estádios de desenvolvimento da competitividade nacional: no primeiro, a competitividade assenta exclusivamente em fatores produtivos básicos; embora esse tipo de fatores continue a ser uma vantagem competitiva do segundo estádio, registam-se investimentos significativos que permitem gerar novas fontes de vantagens competitivas; estas fontes múltiplas de vantagens competitivas reforçam-se no terceiro estádio, em que a inovação se torna o vetor fundamental; contrastando com o sentido dinâmico dos estádios anteriores, o quarto estádio é construído com o objetivo de referir que uma economia tende para o declínio se o seu principal vetor passar a ser a simples utilização da riqueza criada anteriormente e deixar de investir na consolidação e na crescente renovação das vantagens competitivas construídas no passado.

À semelhança de Posner e de Vernon, também Porter considera que uma capacidade inovadora consolidada é o principal fator de competitividade das empresas e das nações e só se afirma em economias que se encontrem em estádios de desenvolvimento mais avançados. No entanto, comparativamente com os modelos de Posner e Vernon, a perspetiva de Porter está mais próxima de uma conceção sistémica: relaciona a capacidade competitiva e inovadora das economias com as complementaridades existentes entre um mais alargado leque de fatores caraterísticos dessas economias e proporciona um quadro de análise mais amplo sobre um número mais diversificado de trajetórias de desenvolvimento dessas capacidades. Apesar destes alargamentos analíticos, o trabalho de Porter centra-se excessivamente no tratamento segmentado do conceito de competitividade ao nível nacional, setorial e empresarial, valorizando pouco a importância dos aspetos institucionais na operacionalização desse conceito e, em particular, no estudo das relações entre competitividade e inovação nesses três níveis.

O tratamento integrado das relações entre esses aspetos institucionais e a capacidade inovadora dos espaços nacionais tem vindo a ser promovido, desde a década de 1980, no âmbito de trabalhos realizados, com base no conceito de «sistema nacional de inovação», por autores como Bengt-Åke Lundvall, Christopher Freeman e Richard Nelson. Estes trabalhos retomam, aprofundam e desenvolvem a conceção de Friedrich List, que, na primeira metade do século dezanove, tinha destacado a necessidade de analisar as economias nacionais como sistemas e de considerar o importante papel desempenhado, no funcionamento desses sistemas, por fatores imateriais, como a educação e a ciência.

Na sua essência, um sistema nacional de inovação é uma rede formada pelas organizações e instituições que gerem, selecionam, difundem e inovam os conhecimentos utilizados num espaço nacional. Este conceito pode ter duas amplitudes: no sentido amplo, o conceito abrange todas as organizações relacionadas, direta ou indiretamente, com a criação e utilização de conhecimentos; no sentido restrito, circunscreve-se às organizações mais diretamente relacionadas com o desenvolvimento das atividades produtivas, científicas e técnicas. Independentemente da amplitude adotada, a operacionalização do referido conceito tem procurado identificar seis elementos principais dos processos de inovação: i) as organizações e as instituições propriamente ditas; ii) as qualificações dos recursos humanos; iii) as relações que se estabelecem entre essas organizações e instituições e as relações internacionais de tais organizações; iv) o perfil de especialização produtiva; v) o potencial inovador dos conhecimentos disponíveis; vi) o grau de aproveitamento desse potencial.

Estudos sobre estes aspetos demonstram que a capacidade inovadora de um espaço nacional depende das instituições e, em particular, das rotinas construídas, ao longo da história e nos relacionamentos externos desse espaço, através da partilha coletiva de experiências, de conhecimentos, de uma linguagem, de uma cultura e de um poder político. Como essas rotinas tendem a reforçar-se no tempo e condicionam a evolução do respetivo país, cada sistema nacional de inovação adquire uma identidade relativamente estável e uma trajetória de desenvolvimento diferenciadas que refletem, em maior ou menor grau, as caraterísticas dessas rotinas e o modo como o sistema nacional se relaciona com outros sistemas nacionais de inovação. Dada a importância e a dificuldade em promover, no atual contexto tecnológico, práticas de relacionamento interorganizacional distintas das caraterísticas do paradigma tecnológico fordista, como as redes de cooperação entre utilizadores e produtores de novas tecnologias ou entre empresas e infraestruturas científicas e tecnológicas, o conceito de sistema nacional de inovação é frequentemente operacionalizado em estudos sobre a construção destas redes. A análise dessas experiências demonstra que as dificuldades em promover essa cooperação são muito diversificadas, consoante as rotinas consolidadas ao longo da história dos diferentes países. A relevância destas especificidades nacionais reforça, portanto, a ideia de que a difusão internacional de um paradigma realiza-se com intensidades diferentes nos vários contextos nacionais. Nesse processo de difusão internacional, coexistem vetores de uma tendencial convergência e vetores de divergências específicas, não sendo possível definir um único modelo evolutivo nem qualquer estádio final de equilíbrio estável.

Os estudos baseados no conceito de sistema nacional de inovação têm, assim, o mérito de sublinhar que as especificidades institucionais de cada espaço nacional influenciam as relações que se estabelecem entre diversos fatores inerentes ao desenvolvimento tecnológico desse espaço. No entanto, a focalização excessiva na análise das especificidades que estão na base dos diferenciados sistemas nacionais de inovação tem conferido a esses estudos uma natureza demasiado «casuística». Esta natureza não tem proporcionado a generalização das ideias especificas subjacentes a esses estudos nem a definição de uma estrutura teórica comum suscetível de ser aplicada à caraterização das diversas realidades nacionais e de proporcionar uma análise comparativa dessas realidades.

Duas agendas de investigação, que têm vindo a ser desenvolvidas desde o final da década de 1990, poderão fornecer elementos que contribuam para ultrapassar a referida natureza «casuística» dos estudos sobre os sistemas nacionais de inovação. Uma dessas agendas é a caraterização das economias capitalistas proposta por Peter Hall e David Soskice, com base na importância dos diferentes mecanismos coordenadores, e em particular do mercado, no funcionamento dessas economias. A outra agenda é proposta por Bruno Amable (2006). Na sequência de trabalhos anteriores com Rémi Barré e Robert Boyer sobre as complementaridades e as hierarquias institucionais dos «sistemas sociais de inovação e de produção», Bruno Amable identifica cinco tipos de capitalismos: o modelo baseado no mercado, que corresponde às economias liberais ou ao modelo anglo-saxónico, onde a lógica concorrencial e uma elevada flexibilidade caraterizam o funcionamento dos diversos domínios da atividade; o modelo social-democrata, onde a dinâmica e a flexibilidade assentam na elevada qualificação dos recursos humanos e em lógicas coletivas de negociação e compromisso; o modelo europeu continental, que, embora apresente algumas caraterísticas semelhantes às do modelo social-democrata, tem maior proteção do emprego, menor proteção social e menor qualificação dos recursos humanos; o modelo «mediterrânico», onde se torna mais caraterístico o aumento da proteção do emprego, a diminuição da proteção social, do nível de qualificação dos recursos humanos e do clima concorrencial; o modelo asiático, muito dependente das estratégias dos grandes grupos e das relações destes com o Estado, realizando-se, no âmbito desses grupos, a proteção do emprego e a progressão profissional.

Embora se encontrem ainda numa fase inicial de elaboração e não seja expressiva a relação entre as análises institucionalistas propostas sobre os espaços nacionais e a caraterização das correspondentes dinâmicas inovadoras, estas duas agendas podem ser interessantes pontos de partida para se chegar a uma estrutura teórica mais ampla de que necessitam os estudos sobre os sistemas nacionais de inovação.

Por outro lado, os estudos sobre os sistemas nacionais de inovação centram-se na identificação das caraterísticas dominantes dos contextos nacionais em análise e tendem, por isso, a marginalizar realidades desses contextos que se afastem de tais caraterísticas. Ora, as caraterísticas institucionais e os modelos de inovação predominantes num espaço nacional conhecem expressões diversas nos diferentes territórios que constituem esse espaço; além disso, as dinâmicas potencialmente inovadoras emergem, frequentemente, de práticas marginais que não são captadas por estudos concentrados em identificar tendências dominantes de contextos nacionais. Uma outra via que pode contribuir para aprofundar a análise que tem vindo a ser realizada com base no conceito de sistema nacional de inovação é, por isso, o estudo sobre a influência das relações de proximidade geográfica no desenvolvimento das dinâmicas inovadoras.

2.2. Proximidades geográficas e dinâmicas inovadoras

O estudo das relações entre as proximidades geográficas e o desenvolvimento económico e tecnológico está presente em diversos trabalhos de economia regional que podem ser agrupados em duas perspetivas complementares: uma relaciona a formação de economias de aglomeração com a transformação industrial, sem integrar explicitamente essa transformação numa teoria do desenvolvimento tecnológico, a outra centra-se na análise das relações entre as caraterísticas dos espaços e os respetivos processos de inovação (Cf. Michael Storper, 1997: 5-18).

2.2.1. Economias de aglomeração e desenvolvimento industrial

A primeira das referidas perspetivas radica na ideia, formulada no século dezanove por Alfred Marshall, de que a concentração espacial de empresas em «distritos industriais» proporciona experiências produtivas e uma «atmosfera» que favorecem o desenvolvimento de conhecimentos específicos e de práticas, mercantis e não mercantis, que contribuem para reforçar o dinamismo de tais empresas e dos respetivos espaços. Esta ideia é aprofundada, ao longo das décadas de 1970 e de 1980, por diversos autores, como Giacomo Becattini, sobre «distritos industriais», e Michael Piore e Charles Sabel, sobre «sistemas de produção flexíveis».

Ao evidenciarem a existência de dinâmicas espaciais diferentes da lógica de funcionamento caraterística do paradigma tecnológico fordista dominante, tais análises têm o mérito de demonstrar que as especificidades e o desenvolvimento das economias regionais resultam de relações institucionais construídas, nesses espaços, ao longo do tempo. No entanto, o alcance desse mérito é limitado pela natureza demasiado estreita da base empírica e das conclusões de tais estudos: a base empírica desses estudos está muito focalizada num único tipo de realidades muito concretas, caraterizadas pelo predomínio de pequenas empresas de setores tradicionais, e analisadas segundo uma conceção predominantemente holística; as conclusões desses estudos conduzem a uma apologia universal de lógicas produtivas «localistas», flexíveis, baseadas na utilização de conhecimentos produtivos empíricos e caraterísticas de realidades concretas muito específicas.

As dimensões mais materiais e menos institucionais das economias de aglomeração são destacadas nos trabalhos realizados, na década de 1980, por autores da «escola californiana», como Allen Scott e Michael Storper. Neste caso, a concentração espacial de empresas é considerada vantajosa por permitir, através das relações *input-output* materiais que as empresas estabelecem no mercado, tornar menos integrados os sistemas produtivos dos espaços correspondentes. Consequentemente, a aglomeração de empresas num espaço permite reduzir a dimensão das empresas desse espaço e os diversos custos organizacionais provocados pela elevada verticalização de processos produtivos ou pela excessiva dimensão das empresas. Deste modo, as especificidades dos contextos locais e regionais são apresentadas como resultantes, não de intensas relações históricas e institucionais como acontecia na abordagem anterior sobre «distritos industriais» e «sistemas de produção flexíveis», mas de escolhas coletivas racionais destinadas a economizar custos.

Embora esta «escola californiana» não conduza, ao contrário da abordagem anterior, à apologia universal de lógicas produtivas «localistas» e flexíveis, apresenta a organização industrial como sendo determinada, predominantemente, pela redução de custos e pelas relações mercantis. Por outro lado, à semelhança da abordagem sobre «distritos industriais» e «sistemas de produção flexíveis», também a «escola californiana» não chegou a elaborar um quadro geral de análise das relações entre as caraterísticas estruturais dos espaços e os respetivos processos de desenvolvimento tecnológico; ao longo da década de 1980, desenvolvem-se, duas abordagens centradas, de forma muito explícita, no estudo dos fatores das dinâmicas inovadoras dos espaços locais e regionais.

2.2.2. Fatores de inovação dos espaços locais e regionais

Uma dessas abordagens é a «escola americana», em que se integram os trabalhos de Ann Markusen, sobre regiões «*high-tech*» muito particulares dos EUA, como Silicon Valley e Route 128. A intensa capacidade inovadora dessas regiões é apresentada como sendo sobretudo gerada por novos fatores imateriais muito caraterísticos de tais espaços: conhecimentos científicos, cooperação entre empresas e infraestruturas científicas e tecnológicas, e, complementarmente, elevada qualidade de vida. A outra abordagem, desenvolvida a partir de 1980, sobre as relações entre as caraterísticas estruturais dos espaços e os respetivos processos de inovação corresponde aos trabalhos realizados, no âmbito do GREMI («*Groupe de Recherche Européen sur les Milieux Innovateurs*», ou, «Grupo de Investigação Europeu sobre Meios Inovadores»), por autores como Philippe Aydalot, Denis Maillat e Jean-Claude Perrin.

À semelhança das análises sobre «distritos industriais», os estudos sobre «meios inovadores» sublinham a importância que têm, no desenvolvimento dos territórios, as relações que a comunidade desse território estabelece, ao longo do tempo. Os «distritos industriais» e «meios inovadores» correspondem a dois tipos de territórios que têm, portanto, a caraterística comum de possuírem uma lógica de funcionamento muito interativa, assente em redes de cooperação dos agentes locais; no entanto, os «meios inovadores» distinguem-se dos «distritos industriais» na medida em que as relações interativas que os caraterizam baseiam-se em relações organizacionais mais amplas, envolvem conhecimentos mais avançados e têm capacidade para gerar dinâmicas de aprendizagem mais significativas e processos de inovação específicos. No fundo, estes dois conceitos são instrumentos através dos quais se procura relacionar as caraterísticas de modelos de organização territorial particularmente dinâmicos com a evolução de paradigmas tecnológicos: o «distrito industrial» corresponde ao modelo de organização territorial baseado em conhecimentos empíricos, que foi dinâmico num ambiente relativamente simples e estável, como o caraterístico do paradigma tecnológico fordista, mas que revela dificuldade em manter esse dinamismo no ambiente mais complexo e instável caraterístico do paradigma das tecnologias da informação; o «meio inovador» está associado a um modelo de organização territorial baseado em conhecimentos mais avançados que revela alguma capacidade dinâmica num ambiente mais complexo e instável, como o caraterístico do paradigma das tecnologias da informação A abordagem baseada no conceito de «meio inovador» permite avançar, assim, na análise sobre a importância da proximidade, das caraterísticas institucionais e dos conhecimentos dos espaços no desenvolvimento dos respetivos processos de inovação. Todavia, esse contributo continua a ser limitado por dois condicionalismos também presentes nas análises sobre os «distritos industriais»: uma conceção holística das dinâmicas espaciais e uma apologia universal de lógicas produtivas caraterísticas de realidades concretas muito específicas.

Estes condicionalismos têm uma natureza menos pesada nos trabalhos que Bjorn Asheim e Philip Cooke têm vindo a realizar, desde o final dos anos de 1990, com base no conceito de «sistema regional de inovação». Na sua essência, a operacionalização deste conceito corresponde à transposição, para a análise de espaços regionais, da perspetiva subjacente ao conceito de «sistema nacional de inovação» já referido na secção anterior deste capítulo.

Procurando definir um quadro de análise sistémica das dinâmicas regionais de inovação, Philip Cooke (1998: 2-25) classifica os sistemas regionais de inovação com base em dois critérios: a organização da transferência de conhecimentos e a estrutura empresarial. Utilizando o primeiro critério, este autor considera três sistemas regionais de inovação principais: o «sistema regional de inovação enraizado» («*grassroots regional innovation system*»), onde a transferência de conhecimentos é organizada localmente, sem articulação com os níveis regional e nacional correspondentes; o «sistema regional de inovação dirigido» (*«dirigist regional innovation system»*), onde a transferência de conhecimentos é organizada a partir do exterior, como acontece quando o Estado gere a realização de grandes projetos inovadores em economias locais; o «sistema regional de inovação em rede», caraterizado pela existência de uma coordenação flexível das interações das iniciativas locais com os ambientes externos. Com base na estrutura empresarial, Cooke define também três sistemas regionais de inovação principais: o «sistema regional de inovação localista», onde há um forte predomínio de PMEs, sendo reduzidas a capacidade de I&D, a abertura ao exterior e a participação do setor público; o «sistema regional de inovação interativo», caraterizado por uma elevada cooperação entre PMEs, GEs e atividades de apoio à inovação, no âmbito de um relacionamento intenso com o exterior; o «sistema regional de inovação globalizado», onde a atividade produtiva é muito especializada e dependente dos interesses de empresas multinacionais, não havendo uma estratégia de desenvolvimento de recursos territoriais específicos.

Esta análise de Philip Cooke tem o mérito, assim como o conceito de sistema regional de inovação, de evidenciar que os diferentes espaços de uma economia nacional têm dinâmicas inovadoras específicas que são construídas, essencialmente, a partir das relações que se estabelecem entre as caraterísticas estruturais desses espaços e a inserção de tais espaços nos respetivos contextos nacionais e internacionais; entre tais relações, essa perspetiva sistémica destaca o maior efeito dinâmico gerado pelas práticas interativas.

No entanto, à semelhança do que se tem passado com as análises sobre sistemas nacionais de inovação, também os estudos sobre sistemas regionais de inovação se têm concentrado excessivamente na caraterização detalhada de especificidades próprias de realidades diversas. Embora tais caraterizações permitam identificar as expressões que o modelo de inovação predominante numa comunidade nacional assume em diferentes territórios dessa comunidade, os estudos sobre tais expressões regionais têm uma natureza demasiado «casuística», não chegando a haver um tratamento generalizado das ideias específicas identificadas por tais estudos. Outra limitação reside na ausência de um consistente quadro teórico comum suscetível de servir como referência para caraterizar as diversas realidades regionais e fazer uma análise comparada dessas realidades. Embora a organização da transferência de conhecimentos e a estrutura empresarial sejam duas dimensões que influenciam muito o processo de inovação de um espaço, é limitado circunscrever, como acontece com a referida proposta de Cooke, a análise desse processo à caraterização dessas duas dimensões: é necessário construir um quadro teórico comum mais consistente que integre outros fatores igualmente importantes do processo de inovação de um espaço, como o nível de competências, a estrutura setorial da produção e as relações entre empresas e infraestruturas científicas e tecnológicas.

As análises que têm vindo a ser referidas sobre dinâmicas locais ou regionais da inovação partilham a ideia, também presente no conceito de sistema nacional de inovação, de que um espaço é uma realidade socioeconómica específica cuja identidade se constrói, processualmente, ao longo do tempo, através de trocas comerciais e de vivências imateriais partilhadas pelos indivíduos e pelas organizações desse espaço. Esta perspetiva sistémica pode fornecer elementos relevantes para esclarecer importantes debates em aberto, como o de comparar a capacidade inovadora das externalidades intraindustriais, resultantes de estruturas setoriais concentradas, com a capacidade inovadora das externalidades interindustriais, induzidas por estruturas setoriais diversificadas, (Greunz, 2004; van der Panne, 2004). No entanto, para consolidar o potencial analítico da perspetiva sistémica das dinâmicas espaciais da inovação, e o seu contributo para esclarecer questões como a acabada de indicar, é necessário dar mais atenção a diversos aspetos que condicionam essas dinâmicas.

Assim, é importante aprofundar o estudo das relações entre a dimensão internacional, nacional e subnacional dos sistemas de inovação (Freeman, 2002: 209), evidenciando a natureza dos conhecimentos desenvolvidos através de tais relações. Complementarmente, é também necessário conhecer melhor as relações entre os conhecimentos das empresas e as fontes de conhecimento existentes no espaço envolvente, nomeadamente as universidades (Feldman e Desrochers, 2003) e as redes de inovação (Cantwell, 2005: 563). O escasso conhecimento sobre estas relações resulta, em grande medida, da frequente subestimação do contributo dos agentes individuais e das atividades internas das empresas para a dinamização dessas relações (Doloreux e Parto, 2005; Powell e Grodal, 2005: 78-79). Com efeito, as análises sobre sistemas de inovação tendem a sobrevalorizar a importância dos ambientes externos das empresas, de tal modo que a atividade empresarial acaba por ser tratada como uma realidade determinada pelas características do contexto estrutural ou institucional externo (Coriat e Weinstein, 2002). Ora, trabalhos recentes sobre o conceito de capital criativo destacam o papel de agentes inovadores na promoção do desenvolvimento regional; procuraremos, por isso, saber em que medida o destaque atribuído às iniciativas destes agentes contribui para reduzir a referida importância elevada atribuída, pela perspetiva sistémica, às caraterísticas estruturais.

De acordo com Richard Florida (2002), o capital social, baseado em sólidas relações de confiança e no funcionamento de redes construídas ao longo do tempo, revela-se cada vez menos capaz de sustentar o desenvolvimento de novos recursos e dos processos inovadores mais recentes. Segundo este autor, a configuração do novo contexto tecnológico e cultural tem sido acompanhada pela afirmação económica crescente do capital criativo, assente no desenvolvimento de conhecimentos muito complexos através de relações pessoais baseadas no individualismo, no inconformismo, na diversidade, na abertura e na meritocracia. Esta substituição do efeito dinâmico do capital social pelo efeito dinâmico do capital criativo é apresentada como estando associada a uma profunda alteração na lógica de funcionamento das economias espaciais e nos principais agentes promotores de tais lógicas. Na fase em que o capital social era o fator dinâmico dominante, as organizações, e as empresas em particular, eram os principais agentes do desenvolvimento dos espaços. Com a crescente importância do capital criativo, o dinamismo das economias espaciais depende, essencialmente, das iniciativas de profissionais criativos que participam em atividades muito heterogéneas: técnicos dos serviços financeiros, jurídicos e de saúde, artistas, arquitetos, escritores, cientistas e professores universitários. Estes profissionais concentram-se em zonas urbanas muito heterogéneas, cujo poder de atração reside na respetiva capacidade para integrarem os «3Ts» básicos da criatividade: o «Talento» humano e científico, a «Tecnologia», em particular a I&D ou atividades intensivas em alta tecnologia, e a «Tolerância» face à diversidade de atitudes, de valores e de opiniões.

Esta perspetiva de Richard Florida sobre o papel do capital criativo tem o mérito de sublinhar a relevância crescente que as categorias profissionais referidas e os respetivos valores culturais e modelos de localização têm vindo a ganhar nos períodos mais recentes de difusão do paradigma das tecnologias da informação. Todavia, é bastante redutor fazer a apologia de, ou admitir, uma convergência global das lógicas culturais e de localização dos diversos grupos e espaços para as lógicas caraterísticas de qualquer grupo, por muito dinâmico e inovador que seja. Com efeito, como a difusão deste paradigma tem uma natureza multidimensional e traduz-se em alterações em diversos grupos profissionais e numa criação permanente de novos grupos, não é realista escolher um grupo profissional, ainda que particularmente dinâmico e heterogéneo, e considerar que os modelos de localização e os valores culturais desse grupo se tornarão dominantes nas fases posteriores do desenvolvimento do respetivo paradigma tecnológico. Para além desta limitação, a perspetiva do capital criativo contém outras fragilidades.

O próprio conceito de capital criativo tem uma natureza difusa e ambígua, sendo pouco expressivos, nomeadamente em termos cognitivos, os referidos critérios que estão na base da distinção entre este conceito e o de capital social: é difícil definir, por exemplo, se uma alta tecnologia ou um profissional muito qualificado são partes integrantes do capital social ou do capital criativo. Por outro lado, a perspetiva proposta baseia-se no estudo de constelações urbanas que, sendo muito interessantes, são realidades expressivas, sobretudo, em contextos muito particulares, como são as grandes metrópoles multiculturais de países com elevado nível de desenvolvimento. Na base dessa perspetiva está também a sobrevalorização de um individualismo muito marcado e a subvalorização das organizações, das instituições, das continuidades históricas e das relações territoriais; embora estas diferentes valorizações possam estar muito relacionadas com profissões que estão na base da construção desta perspetiva, tais valorizações não podem ser apresentadas como caraterísticas dominantes dos diversos modelos de organização espacial do desenvolvimento económico e tecnológico.

A perspetiva sobre o capital criativo baseia-se, portanto, numa abordagem sobre as relações entre proximidades geográficas e inovação bastante diferente da subjacente às análises «territorialistas» anteriormente referidas, como as baseadas nos conceitos de distrito industrial, meio inovador ou sistema regional de inovação. Estas análises «territorialistas» tendem a sobrevalorizar os fatores estruturais da inovação dos espaços e a analisar tais fatores a partir de um holismo metodológico que subvaloriza as iniciativas individuais. A perspetiva sobre o capital criativo tende a sobrevalorizar os comportamentos individuais de agentes inovadores de um número restrito de espaços e a analisar as dinâmicas de tais espaços a partir de um individualismo metodológico que subvaloriza os fatores estruturais do desenvolvimento desses espaços. Embora cada uma destas perspetivas destaque um aspeto particularmente relevante das especificidades e das dinâmicas inovadoras geradas com base em relações de proximidade, nenhuma dessas perspetivas fornece um consistente quadro de análise global de tais especificidades e das correspondentes dinâmicas.

Com efeito, as especificidades dos espaços constroem-se através das relações que se estabelecem, ao longo do tempo, entre os aspetos estruturais e os comportamentos dos agentes desse espaço: uma coletividade assente em relações de proximidade geográfica não é um sistema social homogéneo nem uma soma de comportamentos heterogéneos e dispersos. Para se identificar a especificidade dessa coletividade, é necessário conciliar dois níveis de análise complementares que permitam conhecer as relações entre os aspetos estruturais e individuais que estão na génese dessa especificidade. O primeiro nível destina-se a caraterizar os mecanismos de coordenação social e as caraterísticas estruturais em que se integram as relações de proximidade e constitui a base de referência de um segundo nível de análise, que se centra no estudo do comportamento dos agentes inovadores individuais e coletivos; o objetivo deste segundo nível de análise consiste em conhecer, não só o modo como os agentes inovadores são influenciados pelo contexto social em que se inserem, mas sobretudo a capacidade de tais agentes para influenciarem a dinâmica inovadora do respetivo contexto.

Duas questões complementares das que têm vindo a ser tratadas nestes três capítulos consistem em conhecer, por um lado, a influência das políticas públicas na promoção das dinâmicas inovadoras das economias espaciais (e das empresas) e, por outro, adequados critérios de avaliação dessa influência e dessas dinâmicas.

IV. POLÍTICAS PÚBLICAS E AVALIAÇÃO DAS CAPACIDADES DE INOVAÇÃO

A emergência do paradigma das tecnologias da informação tem sido acompanhada por uma evolução ambígua da ação reguladora dos Estados: por um lado, reduziu-se, como referimos no capítulo anterior, a autonomia e a amplitude da capacidade reguladora global desses Estados; por outro lado, como resultado da generalizada consciência sobre a crescente importância económica e complexidade das tecnologias atuais, verificou-se, sobretudo desde a década de 1980, uma significativa difusão de políticas públicas de apoio à inovação, mesmo em países com fraca experiência reguladora nesse domínio, como Portugal. A lógica reguladora do Estado tornou-se, portanto, menos *«keynesiana»* (por serem menos expressivos os mecanismos públicos promotores da concertação social e da procura interna que tinham sustentado o crescimento económico que acompanhou a expansão do paradigma fordista) e passou a ser mais *«neoschumpeteriana»* (por serem mais relevantes os apoios públicos às inovações empresariais baseadas nas novas tecnologias da informação). O consequente aumento de recursos utilizados nesses apoios públicos e a necessidade de controlar a eficácia e a eficiência dessas políticas e dos processos de inovação, necessidade que se tem acentuado com o agravamento da crise financeira internacional, conduziram a uma preocupação crescente com o controlo e a avaliação dos diversos recursos envolvidos nos processos de inovação; sintoma desta preocupação é a expressiva proliferação que se tem assistido, também desde a década de 1980, na construção de critérios de avaliação das capacidades inovadoras das economias.

O objetivo deste capítulo é refletir sobre essas duas evidências do atual contexto tecnológico que são complementares e transversais aos capítulos anteriores: começaremos por saber em que medida as políticas públicas podem promover o desenvolvimento de sistemas de inovação (secção 1); de seguida, analisaremos indicadores de avaliação das capacidades inovadoras das economias, procurando identificar o contributo de tais indicadores para o estudo dos sistemas de inovação (secção 2). O tratamento destas questões pode também contribuir para esclarecer dois temas relevantes mais amplos da teoria económica: qual o papel do Estado na promoção do desenvolvimento económico? Com integrar, na avaliação desse desenvolvimento, as alterações quantitativas e qualitativas que lhe são inerentes?

1. Políticas públicas e sistemas de inovação

1.1. Elementos analíticos de referência

As análises sobre as políticas de apoio ao desenvolvimento tecnológico são, com frequência, desenvolvidas segundo perspetivas predominantemente dicotómicas. Assim, Keith Smith (1991) parte da crítica da abordagem neoclássica sobre políticas tecnológicas para identificar os fundamentos e a natureza de uma política de inovação representativa de uma conceção evolucionista. De acordo com este autor, as políticas do primeiro tipo não têm objetivos específicos próprios, na medida em que são apresentadas, essencialmente, apenas como mecanismos destinados a corrigir «falhas de mercado», como as relacionadas com as externalidades geradas por investimentos em I&D. No entanto, o objetivo de uma política de inovação definida a partir de uma perspetiva evolucionista é, segundo Keith Smith, a promoção de diversas trajetórias tecnológicas potenciais, tornando-as acessíveis às empresas.

Complementar desta abordagem global, David Mowery (1995) distingue dois tipos de políticas: as «políticas da 'oferta'» («*'supply' policies*») e as «políticas da 'adoção'» («*adoption policies*»): as primeiras destas políticas destinam-se a apoiar o desenvolvimento de uma capacidade endógena de criação de conhecimentos, através da realização de projetos de I&D ou da consolidação das infraestruturas científicas e tecnológicas, enquanto o principal objetivo das segundas é a promoção da procura de tecnologias, através de medidas tão diversas como a concessão de subsídios à importação de equipamentos ou a adoção de *standards* técnicos internacionais ou a realização de ações de demonstração de inovações bem sucedidas. Partindo também da análise de diversas medidas concretas de apoio ao desenvolvimento tecnológico, J. S. Metcalfe (2000) agrupa as políticas tecnológicas em duas categorias: as políticas que se concentram no apoio aos recursos, através da concessão de incentivos, e as políticas destinadas a promoverem oportunidades e capacidades de inovação empresarial: na primeira categoria, incluem-se medidas dirigidas a organizações consideradas isoladamente, como na concessão de benefícios fiscais à I&D empresarial ou de subsídios a inovações consideradas estratégicas ou na compra pública de produtos inovadores, enquanto as medidas representativas da segunda categoria de políticas procuram dinamizar relações entre organizações produtivas, científicas e tecnológicas.

Uma dicotomia está também presente, embora de forma atenuada, na classificação das políticas tecnológicas, proposta por Richard G. Lipsey e Kenneth Carlaw (2000). Estes autores consideram duas categorias principais: as «políticas de enquadramento» («*framework policies*») e as «políticas focalizadas» («*focussed policies*»): as primeiras têm objetivos amplos e medidas de aplicação geral, como a concessão de apoios financeiros ou fiscais à atividade de I&D ou a proteção de patentes, enquanto as segundas consubstanciam-se em programas de apoio ao desenvolvimento de tecnologias selecionadas, de produtos específicos ou de tipos particulares de I&D. Complementarmente, Lipsey e Carlaw consideram ainda um terceiro tipo, o das «políticas mistas (ou 'entrelaçadas')», («*blanket policies*»), que articulam medidas caraterísticas dos dois tipos anteriores num amplo programa, como um plano de desenvolvimento regional e industrial que integre, à semelhança das «políticas de enquadramento», objetivos amplos e, tal como as «políticas focalizadas», instrumentos muito específicos.

Os quatro trabalhos identificados fornecem elementos de referência importantes para uma análise sobre fundamentos, objetivos e medidas das políticas de apoio à inovação: as propostas de Mowery e de Smith definem princípios interpretativos mais gerais de tais políticas e das respetivas medidas; as classificações de J. S. Metcalfe e de Lipsey e Carlaw incidem sobre aspetos mais diretamente relacionados com as amplitudes de conteúdos específicos dessas políticas.

Utilizaremos os elementos contidos nos quatro trabalhos referidos de modo a esclarecer duas questões essenciais da análise sobre a capacidade das políticas públicas para promoverem processos de inovação. Uma questão consiste em identificar o tipo de relacionamentos entre os agentes inovadores promovido por essas políticas: tendo o processo de inovação uma natureza sistémica, o desenvolvimento deste processo depende, em grande medida, da existência de relações interativas consistentes e duradouras entre os agentes que participam em tal processo. Outra questão importante reside na identificação dos efeitos dos apoios públicos à I&D: em face da crescente complexidade do atual contexto tecnológico, tem-se verificado, conforme já referimos, uma crescente importância económica da I&D e um decrescente efeito dinâmico de fatores materiais, como a aquisição de equipamentos. Assim, considerando estas duas questões como aspetos essenciais e recorrendo a contributos contidos nos quatro trabalhos identificados, analisaremos as políticas de inovação, integrando-as em dois grupos principais: as políticas de apoio a iniciativas pontuais e as políticas de apoio a programas e sistemas de inovação. Cada um destes dois grupos é mais representativo de uma fase distinta da evolução dos apoios públicos à I&D empresarial, que começaram por ter uma natureza mais pontual, nomeadamente através da concessão de incentivos fiscais ou financeiros à I&D, e têm vindo, mais recentemente, a ser aplicados no âmbito de programas de apoio à criação de redes. Por outro lado, ao desenvolvermos a análise a partir dos dois tipos de apoios públicos referidos, pensamos contribuir para uma nova reflexão sobre a ideia, anteriormente expressa, de que, embora as atividades de I&D sejam importantes fontes do desenvolvimento de conhecimentos, essas atividades não asseguram, por si só, a capacidade inovadora de uma economia.

1.2. Políticas de apoios pontuais à I&D

Estas políticas abrangem medidas de âmbito geral destinadas a apoiar organizações e atividades diretamente relacionadas com a investigação fundamental ou com a I&D empresarial; os apoios podem expressar-se na concessão de incentivos, fiscais ou financeiros, e na regulamentação de patentes. Estas medidas são, portanto, muito representativas das «*'supply' polices*» da classificação de Mowery, pois centram-se no apoio a atividades relacionadas com a criação de conhecimentos. Em termos mais concretos, tais medidas incluem-se nas *«framework policies»* de Lipsey e Carlaw, uma vez que têm objetivos amplos e uma aplicação geral, e nas políticas que, segundo a classificação de Metcalfe, se concentram no apoio aos recursos.

Recorrendo ainda à análise de Smith, a fundamentação destas medidas radica numa conceção neoclássica, pois são justificadas, essencialmente, com a necessidade de se corrigirem ineficiências de mercado, como as relacionadas com as elevadas incertezas caraterísticas da investigação, e muito em particular da investigação fundamental. São vários os fatores de tais incertezas: por um lado, os resultados destas atividades são dificilmente mensuráveis e, frequentemente, o aproveitamento económico desses resultados realiza-se, de forma muito indireta, por muitos canais e num período de tempo longo; complementarmente, estas atividades geram externalidades, como acontece quando os rendimentos destas atividades apropriados pelos agentes privados são inferiores aos rendimentos sociais. Segundo a perspetiva neoclássica, estas circunstâncias constituem «falhas de mercado», na medida em que o funcionamento do mercado não assegura uma eficiente afetação dos recursos relacionados com as referidas circunstâncias, considerando-se, por isso, necessário adotar apoios públicos, como os referidos, que contrariem o risco de os agentes privados subinvestirem em investigação.

Estas políticas de apoios pontuais à I&D são frágeis, desde logo porque são explicadas por limitações do mercado e não pelos efeitos dinâmicos da própria I&D. Por outro lado, embora as atividades de I&D tenham vindo a ganhar importância crescente como fonte relevante do processo de inovação, este processo não se realiza de forma linear nem é determinado pelas atividades de I&D. Assim, os *inputs* e os *outputs* da I&D nem sempre estão associados a inovações: muitos recursos humanos e financeiros da investigação estão afetos a pesquisas sobre fundamentos dos conhecimentos cuja relação com as inovações é muito indireta e diluída num período de tempo longo, assim como existem invenções patenteadas que nunca chegam a ser inovações, por não terem qualquer aproveitamento económico. Por isso, as medidas de apoio referidas são, em rigor, mais representativas de uma política de incentivo à I&D, ou à invenção, do que de uma política de inovação. Mais concretamente, os efeitos positivos das medidas referidas podem observar-se sobretudo em dois domínios: i) no desenvolvimento de informações sobre o mundo físico, sobre atividades emergentes, sobre parâmetros críticos dos fundamentos de novos conhecimentos e sobre possíveis utilizações de novas tecnologias; ii) na criação de novos conhecimentos e na definição de elementos básicos de novas tecnologias genéricas. O aproveitamento efetivo destes efeitos potenciais e dos apoios referidos pode realizar-se ao nível da investigação fundamental e da atividade científica, mas esse aproveitamento efetivo é menor ao nível da investigação aplicada e da atividade empresarial, onde podem gerar-se efeitos reais negativos.

Assim, como a distinção entre inovação e difusão é muito difusa e permeável, há elementos relacionados com a utilização ou o desenvolvimento empresarial de novas tecnologias que não são contabilizados como partes integrantes da I&D: um exemplo é a não consideração, como elementos da I&D formal, dos recursos utilizados, sobretudo por pequenas empresas, com iniciativas informais de I&D diretamente associadas ao desenvolvimento de atividades produtivas de rotina ou à adaptação de tecnologias criadas por grandes empresas. Por outro lado, a concessão de benefícios fiscais ou financeiros aos investimentos em I&D de empresas cujas inovações estejam protegidas por patentes traduz-se numa dupla proteção destas empresas. Os dois aspetos que acabam de ser referidos revelam, portanto, que as políticas de apoios pontuais à I&D podem conduzir a distorções nas dinâmicas empresariais, como acontece quando excluem empresas que necessitam de proteção ou quando protegem empresas que já estão protegidas. Uma distorção na afetação de recursos, induzida por tais medidas, acontece também quando a concessão de benefícios é acompanhada, como resultado da ausência de um adequado sistema de controlo, por numa duplicação de investimentos em I&D.

Na ausência de investimentos complementares noutros domínios empresariais, é também limitada a capacidade de os apoios pontuais à I&D promoverem, por si só, a dinâmica inovadora das empresas que recebem esses apoios. Com efeito, o contributo dos apoios à I&D para o desenvolvimento da dinâmica inovadora de uma empresa depende, em grande medida, da existência, noutras áreas dessa empresa, de recursos humanos com competência para: i) dialogarem, com os profissionais mais diretamente envolvidos na I&D, sobre as pesquisas mais adequadas às caraterísticas do processo produtivo e comercial específico da empresa; ii) incorporarem, nesse processo, os resultados das pesquisas em I&D. Em unidades produtivas carenciadas de competências e de experiências diretamente relacionadas com a I&D, como acontece em muitas pequenas empresas, a capacidade de os apoios à I&D sustentarem uma dinâmica inovadora depende também do estabelecimento de práticas de colaboração com infraestruturas científicas e tecnológicas que proporcionem às empresas os conhecimentos de que necessitam e que não possuem internamente.

No entanto, os apoios pontuais à I&D podem ter efeitos positivos significativos na promoção da atividade científica, por serem menores, nesta atividade, os dois principais condicionalismos que limitam o aproveitamento, pelas empresas, desses apoios: é menor a dependência relativamente às lógicas de funcionamento do mercado, sendo, por isso, menores as tensões relacionadas com a apropriação dos rendimentos gerados; é mais elevado o nível de competências, podendo haver, por isso, uma maior apropriação dos conhecimentos gerados.

Em síntese, embora os apoios pontuais à I&D possam ter efeitos significativos como instrumentos da política científica, têm efeitos muito limitados como instrumentos da política de inovação: para além de gerarem distorções nas relações entre empresas, têm um precário efeito na criação de uma capacidade de I&D empresarial, na utilização económica dos resultados que possam ser obtidos com essa I&D e, consequentemente, na difusão e no desenvolvimento de inovações. Procurando ultrapassar estas limitações, os apoios mais recentes à I&D empresarial têm sido integrados em programas de incentivo à colaboração entre várias organizações relacionadas com o desenvolvimento de sistemas de inovação.

1.3. Programas de I&D e desenvolvimento de sistemas de inovação

Durante a década de 1970 e no início dos anos 1980, o governo do Japão incentivou o desenvolvimento de indústrias das áreas das tecnologias da informação através de programas de apoio a investigações genéricas, assim denominadas por necessitarem de mais pesquisa para poderem ser utilizadas comercialmente em aplicações específicas. A afirmação do Japão, durante esse período, como líder mundial nessas indústrias levou vários países e a Comissão Europeia a tentarem recuperar a competitividade perdida em tais áreas, aplicando também, na década de 1980, programas de apoio a esse tipo de investigações.

Políticas de apoio a programas de I&D

Procurando fazer face a essa maior competitividade do Japão, os EUA adotaram o programa SEMATECH (Semicondutor Manufaturing Consortium) e o programa MCC (Microelectronics and Computer Tecnology Corporation), o Reino Unido aplicou o Programa Alvey, também destinado a incentivar investigação sobre as tecnologias de informação, e a França adotou o programa PAFE (Programme d'Action pour la Filière Electronique). Complementarmente a programas nacionais aplicados em diversos países, a Comissão Europeia passou a promover, com o primeiro «programa-quadro» de 1984, um amplo conjunto de programas de apoio, como o ESPRIT (European Strategic Programme on Research in Information Technology) e o BRITE/EURAM (combinação do Basic Research in Industrial Technologies in Europe com o European Research in Advanced Materials). Embora com diferentes articulações entre os apoios à investigação genérica e à investigação aplicada, o objetivo comum dos programas referidos foi a criação de uma ampla e sólida base tecnológica de setores considerados estratégicos, a partir da qual as empresas de tais setores realizariam os investimentos e os produtos necessários à sustentação da respetiva competitividade.

Utilizando a referida classificação de políticas proposta por Metcalfe, estes programas são representativos de políticas promotoras de oportunidades e capacidades de inovação, uma vez que as medidas contidas em tais programas consubstanciam-se, muito concretamente, na dinamização de relações entre organizações que participam no desenvolvimento de tecnologias consideradas estratégicas. Os mencionados programas podem integrar-se ainda nas «*focussed policies*» caraterizadas por Lipsey e Carlaw, uma vez que as medidas desses programas se concentram em domínios tecnológicos muito concretos. Em termos mais gerais, essas medidas são representativas das «'*supply' policies*» da classificação de Mowery, pois centram-se no apoio a atividades relacionadas com a criação de conhecimentos. Por outro lado, não é possível aplicar, de forma inequívoca, a análise de Smith para classificar a base da fundamentação teórica desses programas. Com efeito, nessa base, encontram-se elementos reveladores de uma conceção predominantemente neoclássica (como os relacionados com a necessidade de se ultrapassarem ou corrigirem falhas de mercado) com uma relevância idêntica à de fundamentos representativos de uma conceção predominantemente evolucionista (como os relacionados com a promoção de dinâmicas de aprendizagem coletivas e de trajetórias tecnológicas potenciais).

Esta preocupação em promover aprendizagens coletivas e trajetórias tecnológicas potenciais é, sem dúvida, o principal mérito dos referidos programas de apoio à I&D: o incentivo público a redes de colaboração entre empresas e infraestruturas científicas e tecnológicas coloca esses programas num nível de regulação pública da inovação empresarial bastante mais avançado do que o nível dos apoios pontuais à I&D; no entanto, a promoção dessas redes deparou com diversas dificuldades. Algumas dificuldades resultaram de inércias institucionais que se tinham consolidado durante o desenvolvimento do paradigma fordista: resistências, não só em descentralizar sistemas de decisão política muito centralizados, mas também em desenvolver redes de relacionamento consistentes entre organizações públicas e privadas, sem hábitos de cooperação. Com efeito, os referidos programas foram geridos de forma muito centralizada e burocratizada, tendo sido limitadas a aplicação e a difusão dos programas, assim como a interação da investigação (genérica ou aplicada) de protótipos com o desenvolvimento desses protótipos e a difusão de novas tecnologias no conjunto do tecido empresarial.

Outro constrangimento dos programas de apoio à I&D decorreu da própria conceção «setorial» destes programas. Esta conceção assentou na ideia de que, sendo as tecnologias da informação o principal vetor do novo paradigma tecnológico, as áreas relacionadas com a utilização produtiva de tais tecnologias seriam «setores estratégicos» do desenvolvimento económico e, consequentemente, admitiu-se que o apoio público a tais setores conduziria à difusão da inovação empresarial e à sustentação da competitividade das economias. Ora, embora seja importante definir e promover áreas estratégicas do desenvolvimento tecnológico, deverão ser mais amplos do que os adotados nesses programas, não só os critérios de definição de tais áreas mas também os mecanismos de promoção das relações entre essas áreas e o conjunto da atividade económica.

Um ponto de partida interessante para perspetivar critérios mais amplos de definição das áreas estratégicas do desenvolvimento tecnológico é o *Technology Foresight Programme* promovido, em 1993, no Reino Unido. Com base no diálogo entre cientistas, engenheiros, empresários, governo e organizações regionais, este programa identificou domínios tecnológicos potencialmente emergentes no longo prazo; a partir da identificação destes domínios, definiu-se um quadro geral de referência das políticas científicas, de educação e de formação profissional. Embora estes elementos permitam alargar os critérios de definição de «setores estratégicos», interessa também assegurar mecanismos que favoreçam, não só o desenvolvimento desses setores, mas também as interações de indústrias tradicionais com os setores que vierem a definir-se como estratégicos. Com efeito, o desempenho global das economias não é sustentado duravelmente pela dinâmica de um reduzido número de setores; o crescimento sustentado de uma economia depende do estabelecimento de complementaridades entre os diversos setores, nomeadamente entre os que se possam considerar estratégicos num determinando contexto e os restantes domínios produtivos. Sendo também importante que estas complementaridades sejam asseguradas, de forma descentralizada, nos diferentes espaços de uma economia nacional, interessa ainda definir programas de desenvolvimento dos diferentes sistemas regionais de inovação. Podem definir-se alguns princípios gerais que assegurem a articulação entre políticas de apoio a programas de I&D com o desenvolvimento de sistemas de inovação nos diversos espaços de uma economia.

Programas de I&D e desenvolvimento de sistemas de inovação: definição de objetivos e medidas gerais

A natureza específica dos programas de I&D depende, naturalmente, das caraterísticas particulares dos diferentes espaços regionais em que são aplicados. No entanto, pode-se considerar, como princípio genérico de partida, que os objetivos de tais programas deverão centrar-se, fundamentalmente, na promoção de dinâmicas de aprendizagem em que participem as empresas e as infraestruturas científicas e tecnológicas. Assim, mais do que apoiar um número limitado de programas de I&D empresarial, interessa criar condições para que a realização desses programas seja acompanhada pela melhoria das competências dos recursos humanos, por inovações incrementais que desenvolvam o potencial tecnológico desses projetos e pela transformação das estruturas produtivas.

Embora seja conveniente que as ajudas à I&D empresarial passem a realizar-se, predominantemente, integradas nos referidos programas, pode justificar-se que se concedam, de forma muito seletiva e marginal, apoios pontuais a domínios específicos, como os relacionados com atividades de investigação fundamental e com os direitos de propriedade intelectual. No essencial, a gestão destes incentivos pontuais à investigação deverá basear-se em três critérios básicos: i) o estabelecimento de limites máximos aos apoios que possam ser concedidos a cada empresa; ii) a ponderação do apoio a cada empresa pela eventual existência de patentes ou pelo montante acumulado de apoios concedidos à empresa ou pela taxa de crescimento anual das despesas em investigação realizadas pela empresa; iii) a concessão de tais apoios mais pelo mecanismo dos benefícios fiscais do que por apoios financeiros diretos. Também o registo de patentes deveria basear-se numa seleção rigorosa das ideias com capacidade para se traduzirem efetivamente em aplicações industriais. Estes apoios pontuais, típicos de políticas representativas de uma perspetiva neoclássica, são aqui entendidos como instrumentos complementares do conjunto das outras medidas identificadas que constituem as bases fundamentais de uma política centrada no apoio, nos diversos espaços regionais, a aprendizagens coletivas de conhecimentos adequadas às diferentes caraterísticas desses espaços.

Tendo presente as classificações anteriormente referidas, esta política de desenvolvimento de sistemas de inovação que temos vindo a perspetivar integra-se, nos seus aspetos essenciais, no grupo das políticas consideradas, por Keith, como representativas de uma perspetiva evolucionista e no grupo das políticas que têm, de acordo com Metcalfe, o objetivo de promovem oportunidades e capacidades de inovação empresarial. Utilizando a classificação de Lipsey e Carlaw, essa política de desenvolvimento de sistemas de inovação é, predominantemente, um exemplo das «*blanket policies*», pois as medidas mais caraterísticas assentam na articulação de apoios genéricos, como a concessão de incentivos à atividade de I&D ou a proteção de patentes, com apoios específicos, relacionados com o desenvolvimento dos diferentes programas adequados às caraterísticas das diferentes regiões. Tendo ainda presente a classificação de Mowery, a política perspetivada combina instrumentos representativos das «*'supply' policies*», como os apoios pontuais ou programáticos à I&D, e medidas caraterísticas das «*adoption policies*», como os incentivos à importação de equipamentos ou a adoção de *standards* técnicos internacionais. O peso de cada um destes dois tipos de medidas dependerá das caraterísticas de cada região e, mais concretamente, do respetivo potencial de desenvolvimento tecnológico: nos espaços em que esse potencial é mais sólido, os apoios à oferta de conhecimentos terão uma importância maior que os incentivos à adoção de tecnologias e de equipamentos; nos espaços em que aquele potencial é mais frágil, os apoios à adoção de tecnologias e de equipamentos terão uma importância maior que os incentivos à oferta de conhecimentos tecnológicos, mas procurando sempre evitar que tais espaços se fechem em trajetórias tecnológicas dependentes de investimentos predominantemente materiais e da utilização intensiva de mão-de-obra pouco qualificada.

Para avaliar o contributo efetivo de uma política pública para promover o desenvolvimento de um sistema de inovação, torna-se necessário definir critérios que permitam medir esse contributo. Com base na análise de indicadores sobre capacidades inovadoras, pretendemos, de seguida, fornecer um quadro geral de análise de tais critérios.

2. Avaliação e análise de capacidades inovadoras

As informações sobre a capacidade inovadora de uma economia podem ser apresentadas de forma simples, como acontece com indicadores elementares sobre a I&D e com bases de dados obtidos através de inquéritos («*innovation surveys*»), ou de forma relativamente complexa, através de indicadores compostos (ou compósitos), baseados no tratamento de elementos sobre várias dimensões.

2.1. Indicadores elementares e «*innovation surveys*»

Os indicadores elementares sobre a I&D estão relacionados com os *inputs* e os *outputs* desta atividade: no que diz respeito aos *inputs*, as informações centram-se nos recursos humanos e financeiros; relativamente aos *outputs*, têm sido divulgados elementos sobre as patentes registadas, nomeadamente por organismos internacionais (como o USPTO, United States Patent and Trademark Office, e o EPO, European Patent Office), e as patentes efetivamente aplicadas. Nas comparações internacionais, recorre-se a medidas de intensidade que relacionam aquelas informações com a população ou a riqueza dos diferentes países: no primeiro caso, a referência é a população total bruta ou grupos etários específicos, como acontece, respetivamente, com o número de patentes registadas, ou solicitadas, por milhão de habitantes ou com o número de investigadores por cada cem habitantes com idades compreendidas entre os 25 e os 64 anos; no segundo caso, a referência é, frequentemente, o produto criado na economia, como é o caso do peso percentual da despesa, total ou pública ou privada, da I&D no PIB.

Estes indicadores fornecem, de forma aparentemente simples e muito sintética, informações importantes sobre a criatividade de uma economia, expressa através das patentes e do investimento em domínios particularmente importantes para o desenvolvimento da capacidade inovadora no atual contexto tecnológico, como são as atividades de I&D. No entanto, dois condicionalismos limitam a utilidade daqueles indicadores como elementos de uma avaliação das capacidades inovadoras das economias: um condicionalismo tem a ver com as dificuldades que, efetivamente, se colocam à construção dos indicadores; outro condicionalismo diz respeito à natureza complexa das relações entre a I&D, o potencial inventivo e a capacidade inovadora de uma economia.

Com efeito, é, frequentemente, difícil quantificar as informações específicas de cada uma dessas atividades ou distinguir essas informações de outras caraterísticas de atividades complementares. Estas dificuldades decorrem da natureza complexa das próprias atividades, como acontece em dois domínios complementares: i) na particular interpenetração de aspetos quantitativos e qualitativos inerentes a essas atividades e ii) na crescente interdependência, induzida pela natureza sistémica do processo de inovação, de tais atividades e dessas atividades com outras complementares. Essas dificuldades adquirem expressões diferentes nas diversas economias: em economias com maior desenvolvimento tecnológico, embora os instrumentos de recolha de informações tendam a ser mais eficientes, as complexidades das atividades e as interdependências sistémicas dessas atividades são maiores; em economias menos desenvolvidas, embora as complexidades das atividades e as interdependências sistémicas dessas atividades sejam menores, os instrumentos de recolha de informações são menos eficientes.

Também são complexas e indiretas as relações entre a intensidade da I&D, o potencial inventivo e a capacidade inovadora de uma economia. Embora as atividades de I&D venham adquirindo uma importância crescente como fatores do desenvolvimento da capacidade inovadora das empresas, não há uma relação direta entre a intensidade dos investimentos afetos, num determinado momento, a essas atividades e o correspondente nível de desenvolvimento da capacidade inovadora. Desde logo, porque há recursos financeiros e humanos da I&D, e muito particularmente da investigação fundamental, cujo contributo para o desenvolvimento da capacidade inovadora é bastante incerto e só pode ser identificado no longo prazo; também muitas patentes registadas não são aplicadas e é bastante diversificada a viabilidade e a longevidade das patentes aplicadas.

Perante os vários condicionalismos referidos, é mais razoável considerar que, embora os dados sobre a intensidade da I&D e o número de patentes de uma economia permitam ter uma primeira ideia sobre o potencial inventivo dessa economia, estes indicadores são, por si só, insuficientes para uma avaliação da efetiva capacidade inovadora dessa economia. Uma das vias para ultrapassar estas limitações tem sido a construção de bases de dados obtidos através de inquéritos (*«innovation surveys»*) sobre os resultados dos processos de inovação ou sobre sujeitos e atividades desses processos.

Como refere Smith (2005: 160-165), as bases de dados sobre os resultados da inovação tendem a focar-se apenas em produtos com um significativo grau de inovação, como é o caso dos dados recolhidos pelo *Science Policy Research Unit* (SPRU) da Universidade de Sussex, sobre 4300 inovações introduzidas entre 1945 e 1983, e pela *United States Small Business Administration*, sobre inovações introduzidas por pequenas empresas norte americanas em 1983. O contributo destas bases de dados para a análise de processos de inovação acaba por ser pouco significativo, não só pela natureza limitada das inovações radicais que os constituem e pela marginalização de inovações incrementais, mas também por não fornecerem elementos sobre as práticas e o modo como se realizam os processos que estão subjacentes a tais inovações.

Procurando ultrapassar estes condicionalismos, têm-se construído bases de dados com informações sobre os sujeitos e as atividades dos processos de inovação. Uma obra de referência para tratar estas informações é o Manual de Oslo, publicado pela OCDE, que define a metodologia, os conceitos e os critérios de recolha, medição e interpretação de dados sobre as diversas atividades científicas e tecnológicas. A base de dados do Banco Mundial, denominada «Metodologia de Avaliação do Conhecimento» (*«Knowledge Assessment Methology»*), integra variáveis sobre sistemas de inovação, educação/formação e infraestruturas de informação; a «Base de Dados Comunitária sobre Inovação» (*«Community Innovation Survey»*: CIS) da Comissão Europeia reúne informações sobre a criação de novos produtos, a alteração de produtos existentes, as práticas de colaboração tecnológica e a perceção de obstáculos e fatores do processo de inovação; estas bases de dados permitem construir indicadores compósitos ou compostos[9].

2.2. Indicadores compostos e análise dos sistemas de inovação

2.2.1. Indicadores compostos e avaliação de capacidades inovadoras: vantagens e condicionalismos

Nos últimos anos, têm sido elaborados diversos indicadores compostos destinados a quantificar as capacidades tecnológicas e inovadoras de setores e de espaços, com base na agregação de informações sobre múltiplos domínios do desenvolvimento de conhecimentos. Archibugi e Coco (2005) comparam cinco desses indicadores: o «Índice Tecnológico» («Technology Index»), do Fórum Económico Mundial, o «Índice de Realização Tecnológica» («Technology Achievement Index»), proposto pelo Programa das Nações Unidas para o Desenvolvimento de 2001 e aparentemente descontinuado, o «Painel de Desenvolvimento Industrial» («Industrial Development Scoreboard»), da Organização das Nações Unidas para o Desenvolvimento Industrial, o «Índice de Capacidade Científica e Tecnológica» («Science and Technology Capacity Index») da RAND Corporation e o «Índice de Capacidades Tecnológicas» («Technological Capabilities Index») dos próprios Archibugi e Coco.

Tal como o «Índice de Realização Tecnológica», também o «Índice Sintético da Inovação» (*Summary Innovation Index*), da Comissão Europeia,

---

[9] No essencial, qualquer das palavras "compósito" e "composto", provenientes do latim "compositu", pode ser utilizada para identificar indicadores construídos a partir dessa diversidade de informações heterogéneas. Todavia, utilizaremos mais a palavra "composto" por duas razões principais: deixa transparecer mais a ideia de que o tratamento combinado dessas informações heterogéneas permite quantificar, sinteticamente, um indicador que, embora multidimensional e complexo, possui uma identidade e um significado globalmente consistentes (o que nem sempre acontece com as utilizações da palavra compósito, como na caraterização de ordens arquitetónicas e de materiais de natureza física); tem uma tonalidade e um ritmo mais convergentes com a fonética da língua portuguesa.

se destina a avaliar as capacidades de espaços nacionais para utilizarem e desenvolverem novos conhecimentos. Enquanto o primeiro indicador está mais relacionado com a avaliação de capacidades tecnológicas, o segundo tem sido desenvolvido no âmbito de painéis de avaliação anuais das políticas definidas na sequência da Estratégia de Lisboa: depois de designados *«European Innovation Scoreboard»*, estes painéis passaram a denominar-se *«Innovation Union Scoreboard»* (Cf. European Commission, 2011) e voltaram, em 2016, à designação *«European Innovation Scoreboard»* (Cf. European Commission, 2016).

O cálculo do «Índice de Realização Tecnológica» (IRT) baseia-se no tratamento de oito indicadores normalizados[10] e agrupados, dois a dois, em quatro dimensões: criação de tecnologias (indicadores sobre rendimentos gerados pela utilização de patentes e licenças), difusão de inovações recentes (indicadores sobre servidores de internet e exportações de alta e média tecnologia), difusão de inovações antigas (indicadores sobre consumo de eletricidade e número de telefones) e qualificação de recursos humanos (indicadores sobre escolaridade e frequência do ensino de ciências). A média aritmética dos índices destas quatro dimensões corresponde ao valor do IRT de cada país, que varia entre 0 e 1, a partir do qual se definem quatro grupos de países: os «líderes» («leaders»), cujo IRT é, pelo menos, igual a 0,5; os «líderes potenciais» («potential leaders»), cujo IRT é inferior a 0,5 mas não inferior a 0,35; os «seguidores dinâmicos» («dynamic adopters»), com um IRT inferior a 0,35 mas não inferior a 0,2; os «marginalizados» («marginalized»), cujo IRT é inferior a 0,2.

O cálculo do «Índice Sintético da Inovação» (ISI) baseia-se no tratamento de vinte e cinco indicadores agrupados em oito dimensões integradas em três tipos de indicadores principais: os «elementos de suporte» (*«enablers»*), as «atividades empresariais» (*«firm activities»*) e os «resultados» (*«outputs»*). As informações sobre os «elementos de suporte» quantificam vetores de

---

[10] A normalização dos valores dos indicadores de cada país procura expressar a distância em que se encontra cada um desses indicadores relativamente à correspondente situação de fronteira, dividindo a diferença entre o valor observado em cada país e o valor mínimo desse indicador no conjunto dos países pela diferença entre o valor máximo e o valor mínimo do conjunto.

inovação externos às empresas, através de oito indicadores integrados em três dimensões: recursos humanos (três indicadores sobre a qualificação dos trabalhadores), sistemas de investigação (três indicadores sobre publicações e doutorados) e envolvimento público e financeiro (dois indicadores sobre despesa pública e capital de risco). Os dados sobre as «atividades empresariais» quantificam esforços das empresas em inovação, com base em nove indicadores distribuídos por três dimensões: investimentos (dois indicadores sobre investimentos em I&D e em áreas da inovação diferentes da I&D), cooperações com o exterior (três indicadores sobre o grau de colaboração em inovação e em publicações) e ativos intelectuais (quatro indicadores sobre patentes, marcas e *design*). Os «resultados» quantificam efeitos das atividades inovadoras das empresas, a partir de oito indicadores agrupados em duas dimensões: inovadores (três indicadores sobre as empresas promotoras de diferentes inovações) e efeitos económicos (cinco indicadores sobre o impacto que atividades com maior intensidade de conhecimentos têm nos empregos e vendas e sobre os rendimentos gerados por patentes e licenças). A média aritmética dos valores normalizados destes indicadores corresponde ao valor do ISI de cada país; com base na relação entre o valor do ISI de cada país e o valor da média da União Europeia, definem-se quatro grupos de países: o grupo dos «líderes» («innovation leaders»), constituído pelos países em que aquela relação não é inferior a 1,2; o grupo dos países em que aquela relação é inferior a 1,2, mas não inferior a 0,9 [denominados, na edição de 2011, «seguidores» («innovation followers»), e, em 2016, «inovadores fortes» («strong innovators»)]; o grupo dos «inovadores moderados» («moderate innovators»), em que a referida relação é inferior a 0,9, mas não inferior a 0,5; os «inovadores modestos» («modest innovators»), com um ISI inferior a 50% do valor da média da União Europeia.

Ao basear-se em informações e critérios mais elementares, de modo a poder abranger um conjunto mais amplo de países, o IRT conduz a classificações mais simples e mais limitadas. Assim, aplicado a vinte e um países da Comunidade Europeia, este indicador classifica estes países em apenas dois grandes grupos, cada um dos quais integra países que são, na realidade, demasiado diferentes para poderem partilhar a mesma classificação:

i) nove são considerados «líderes»: Alemanha, Áustria, Bélgica, Finlândia, França, Irlanda, Países Baixos, Reino Unido e Suécia;
ii) os doze restantes são classificados «líderes potenciais»: Bulgária, Chipre, Eslováquia, Eslovénia, Espanha, Grécia, Hungria, Itália, Polónia, Portugal, República Checa e Roménia.

Menos irrealistas são as classificações baseadas no ISI, que conduzem à distribuição daqueles vinte e um países por quatro grupos:

i) «líderes»: três na edição de 2011 (Alemanha, Finlândia e Suécia) e quatro em 2016 (os mencionados três de 2011 e Países Baixos);
ii) «seguidores» ou «fortes»: oito em 2011 (Áustria, Bélgica, Chipre, Eslovénia, França, Irlanda, Países Baixos e Reino Unido) e seis em 2016 (os referidos oito da edição de 2011 menos Países Baixos, que passou a «líder», e Chipre, que passou a «moderado»);
iii) «inovadores moderados»: oito em 2011 (Eslováquia, Espanha, Grécia, Hungria, Itália, Polónia, Portugal e República Checa) e nove em 2016 (os mencionados oito da edição de 2011 e Chipre)
iv) dois «inovadores modestos» em 2011 e em 2016: Bulgária e Roménia.

Estas classificações baseadas no ISI são menos grosseiras que as obtidas através do IRT, observando-se, também, uma estabilidade na maioria dessas classificações, o que revela a natureza "pesada" ou estrutural do nível das capacidades inovadoras dos países. No entanto, continua a ser pouco realista apresentar, por exemplo, a Eslovénia com uma capacidade inovadora superior à de Itália ou de Espanha, ou qualquer destes dois últimos países com uma capacidade inovadora semelhante à de Portugal, de Chipre ou da Hungria.

Pode-se, portanto, concluir que, se é inquestionável que os dois indicadores compostos referidos fornecem uma imagem sintética sobre as capacidades tecnológicas e inovadoras nacionais, surgem questões quando estes indicadores são utilizados para comparar países muito diferentes. Por outro lado, estes indicadores têm, sem dúvida, o mérito de contribuírem para o reconhecimento de que o potencial inovador das economias tem uma natureza multidimensional e estrutural, sendo, por isso, muito redutor analisar esse potencial com base apenas em informações sobre *inputs* e *outputs* da I&D. Porém, os critérios utilizados na construção desses indicadores compostos colocam questões metodológicas importantes.

Uma dessas questões é a utilização da média aritmética para agregar indicadores simples num indicador composto. Esta metodologia assenta no pressuposto da substituibilidade flexível e perfeita entre fatores tecnológicos ou de inovação, pois corresponde à ideia de que uma unidade de qualquer fator pode ser substituída, de forma livre e sem custos, por uma unidade de um outro fator. Ora, esta substituibilidade é irrealista, na medida em que existe sempre alguma rigidez, complementaridade e interação nos conhecimentos e nos fatores da inovação. Para ultrapassar esta limitação, tem-se considerado a hipótese de substituir a média aritmética pela ponderação diferenciada de indicadores, como acontece com a utilização do "Benefício da Dúvida" ("BoD: Benefit of the Doubt") e da média côncava. No primeiro caso, os pesos são determinados pela especificidade de cada país, atribuindo-se um peso maior aos fatores que têm uma maior importância relativa em cada país, no pressuposto de que "um melhor desempenho relativo de um país na dimensão de um indicador particular revela que esse país considera essa dimensão como relativamente importante" (Cherchye *et al.*, 2011: 10942-3). Com a utilização da média côncava, os pesos têm em consideração a diferente distribuição de fatores entre os países, valorizando as estruturas de capacidades mais diversificadas e penalizando as mais polarizadas (Cerulli e Filippetti, 2012: 3-10).

Embora estas propostas possam ser interessantes do ponto de vista teórico por destacarem a relevância de aspetos importantes do desenvolvimento de conhecimentos, como os efeitos cumulativos e a diversidade de fatores, estes aspetos são tratados de forma pouco consistente. Ao radicar na ideia de que o potencial de um fator de inovação varia na razão direta da quantidade desse fator, independentemente da sua natureza, o "benefício da dúvida" conduz, por exemplo, a uma sobrevalorização de fatores materiais de inovação, em países em que tais fatores são relativamente mais abundantes. Por seu lado, a média côncava operacionaliza a ideia de que a diversidade dos fatores de inovação é um elemento importante da dinâmica inovadora, mas trata essa ideia como um postulado válido em todas as realidades, sem demonstrar essa validade nem a desigual capacidade dinâmica de diferentes diversidades em distintos países. Em termos mais gerais, qualquer das duas propostas não demonstra que uma metodologia baseada na ponderação de pesos a diferentes fatores permite resolver os problemas relacionados com o cálculo da média aritmética. Interessa também ter presente que a atribuição de um peso a um fator corresponde sempre a um juízo de valor subjetivo (Archibugi, Denni e Filippetti, 2009: 918), sendo, frequentemente, elevada a sensibilidade dos resultados às alterações das ponderações: diferentes pesos dos indicadores do ISI de 2005 traduzem-se em diferentes valores dos indicadores compostos e em modificações substanciais dos rankings (Grupp e Schubert, 2010: 74-75).

2.2.2. Avaliação e análise dos sistemas de inovação

Os valores dos indicadores sintéticos referidos variam na razão direta dos recursos afetos às atividades relacionadas com os processos de inovação, segundo uma lógica de que quanto maior é a quantidade de recursos (como a despesa de I&D), maior é a capacidade inovadora. Esta lógica contém limitações, que são particularmente expressivas quando se trata de avaliar processos de inovação com caraterísticas muito diversas e inseridos em economias também heterogéneas. Em primeiro lugar, o aumento do número de recursos em I&D de uma economia, por exemplo, terá um impacto bastante limitado na capacidade inovadora dessa economia, se houver uma gestão ineficiente desses recursos, ou da I&D ou das relações entre a I&D e a atividade inovadora. Em segundo lugar, não é possível construir um indicador internacional que permita avaliar quantitativamente as capacidades inovadoras das diferentes economias, porque são várias as práticas através das quais se manifestam, nas diversas economias, as interdependências dos diferentes fatores materiais e imateriais das várias dimensões dos processos de inovação específicos dessas economias. Pelas razões acabadas de referir e dada a natureza sistémica e evolucionista do processo de inovação, mais importante que a quantificação e o posicionamento relativo («*ranking*») das capacidades inovadoras dos diversos países é a análise das lógicas e das dinâmicas dos respetivos sistemas de inovação.

Assim, sendo os espaços nacionais sistemas complexos abertos, três níveis de análise permitem captar as interações que estão na génese da especificidade destes sistemas: o primeiro carateriza globalmente os diferentes «sistemas de inovação gerais» em que se podem integrar os vários espaços nacionais, definindo quadros de referência genéricos de comparações internacionais; o segundo nível define modalidades específicas que cada um desses «sistemas de inovação gerais» assumem em diferentes países, tornando mais nítidas as identificações nacionais e as comparações internacionais; o terceiro nível de análise carateriza os sistemas regionais de inovação de cada país, evidenciando a heterogeneidade espacial interna de cada identidade nacional. A capacidade para captar os aspetos quantitativos e qualitativos das especificidades nacionais varia nestes níveis, sendo também, por isso, diferente a natureza dos indicadores utilizados nas correspondentes avaliações.

O primeiro nível de análise referido assenta na comparação de informações referentes a vários espaços nacionais, tendo presente duas ideias contidas nas secções anteriores sobre o IRT e o ISI: i) nenhum indicador consegue captar a enorme diversidade de especificidades nacionais de inovação existente no mundo; ii) o aprofundamento da análise comparada de tais especificidades é tanto mais difícil quanto mais heterogéneos forem os grupos internacionais que resultam da agregação dessas especificidades. Nesta primeira análise das especificidades nacionais, não é, portanto, prioritária a construção de um indicador que quantifique o desempenho absoluto e relativo dos diferentes países, sendo mais relevante fazer, a partir das informações elementares sobre um número alargado de países, uma caraterização, predominantemente qualitativa, das lógicas essenciais dos respetivos modelos de inovação. Embora o significado e o resultado deste primeiro passo sejam diferentes dos do IRT, uma apreciação do trabalho realizado com este indicador é um ponto de partida útil para este primeiro nível de análise.

Assim, as informações a tratar neste primeiro nível seriam as referentes às quatro dimensões do IRT (criação de tecnologia, difusão de inovações recentes e antigas e qualificação de recursos humanos) complementadas com informações sobre a atividade empresarial e o sistema científico e tecnológico. Já no que se refere ao tratamento final da informação e à classificação dos países, seguir-se-iam vias diferentes das do IRT. Embora possa haver um tratamento quantitativo parcelar de várias dimensões, não é relevante fazer um tratamento quantitativo de todas essas dimensões; passa, portanto, a haver índices compostos em cada dimensão e deixa de haver qualquer «índice» sintético. Complementarmente, abandona-se a classificação de países anteriormente referida, cuja fraca consistência se expressa, como se disse, na utilização abusiva de classificações representativas de elevados potenciais de desenvolvimento tecnológico (como as de «líder» e de «líder potencial») ou em dar a mesma classificação a países com potenciais de desenvolvimento tecnológico muito diferentes; interessa substituir este critério de classificação quantitativo por outro que identifique, numa base mais qualitativa, os diversos grupos de «sistemas de inovação gerais» que se definirem neste primeiro nível, criando quadros de referência consistentes para comparar, integrar e classificar os diferentes sistemas nacionais de inovação.

O segundo nível da análise destina-se a caraterizar e avaliar as modalidades específicas que cada um desses «sistemas de inovação gerais» assumem em diferentes países. Embora o trabalho realizado com o IRT possa também ser útil neste segunda fase, as análises a realizar e as variáveis a tratar são mais complexas e mais diversificadas que as inerentes a esse indicador, tornando-se mais relevante a experiência adquirida com a construção dos indicadores elaborados por outras organizações internacionais e, em particular, com a construção dos painéis europeus sobre inovação.

Esta segunda fase está associada a dois tipos de avaliação: a avaliação da «capacidade de inovação global» de cada país, em que se compara cada país com o conjunto de todos os países em presença, e a avaliação da «capacidade específica do sistema de inovação» de cada país, em que se compara cada país com o conjunto dos países do correspondente tipo de «sistema de inovação geral». Na avaliação da «capacidade de inovação global», cada país é ordenado com base no valor do respetivo índice, mas não é classificado, por se estar perante um conjunto muito amplo e diversificado de espaços. Na avaliação da «capacidade específica do sistema de inovação», cada país é ordenado, com base no valor do respetivo índice, e classificado por grupos, definidos com base na relação entre o valor do índice de cada país e o valor médio dos países do respetivo «sistema de inovação geral». Complementarmente, podem introduzir-se, em qualquer destes dois tipos de avaliação, «índices previsionais» (construídos com os objetivos que se pretendam realizar num período de cinco anos), destinados a evidenciar desvios entre objetivos enunciados e efetivamente realizados.

No terceiro nível da análise, identifica-se a heterogeneidade espacial interna de cada identidade nacional, com base na análise dos sistemas regionais de inovação de cada país, segundo uma metodologia idêntica à indicada para a referida avaliação específica dos sistemas de inovação nacionais, recorrendo a índices efetivos e previsionais. No entanto, se é difícil obter informações sobre a inovação à escala nacional, este tipo de problema é ainda maior nas análises regionais. Assim, embora recentemente se venham fazendo esforços, no âmbito dos painéis europeus sobre inovação, para melhorar a recolha e o tratamento de informações sobre as regiões europeias, existem aspetos que condicionam a fiabilidade dessas informações. Um desses aspetos é o tratamento de fluxos inter e intra-regionais das empresas, como tendo natureza espacial idêntica, tornando-se, por isso, impossível identificar o horizonte geográfico desses fluxos ou a densidade das relações inter e intra-regionais (Cf. Evangelista *et al.*, 2001); outra limitação é considerar, como critério da localização das atividades inovadoras, a residência da sede da empresa e não da unidade de produção onde realmente ocorrem essas atividades, daqui resultando uma frequente subestimação de regiões menos desenvolvidas onde se localizem unidades de produção inovadoras de empresas sediadas noutras regiões.

Por outro lado, pelas razões referidas ao longo deste livro e em particular no final do capítulo anterior, interessa complementar o tratamento de indicadores compostos, proposto neste capítulo, com estudos sobre as relações específicas existentes entre os processos de inovação de um espaço, nacional ou regional, e os comportamentos dos agentes individuais e coletivos de tais processos.

CONCLUSÃO

Nos quatro capítulos anteriores, identificaram-se princípios de análise da economia da inovação que pretendem dar a conhecer o âmbito específico desta área da ciência económica e, por esta via, esclarecer as relações entre o desenvolvimento dos novos conhecimentos e as seguintes características do respetivo contexto tecnológico: a centralidade da atividade empresarial, a dinâmica turbulenta do crescimento económico e do emprego, a relevância das identidades espaciais no processo de internacionalização e a necessidade de políticas públicas e de avaliação das capacidades de inovação.

Esses capítulos são complementares entre si e os princípios de análise desenvolvidos em qualquer deles assentam em quatro ideias básicas: a interdependência (dos aspetos contidos nas relações tratadas em cada capítulo e no conjunto desses capítulos), a complexidade (resultante da natureza multidimensional de cada um desses aspetos e, consequentemente, das correspondentes interdependências), a organização (de que depende a coerência e o desenvolvimento dessas interdependências) e o indeterminismo (inerente à evolução de tais interdependências e induzido pela referida complexidade). Estas quatro ideias são, portanto, os elementos fundamentais dos princípios de análise, não só da economia da inovação, mas também das referidas características do atual contexto tecnológico. A análise baseada em tais princípios tem vindo a desenvolver-se no âmbito de conceções sistémicas e evolucionistas e pode consolidar-se através de uma maior reflexão sobre várias questões relacionadas com estas conceções. Uma dessas questões é a delimitação da amplitude, ou da fronteira e da densidade, do sistema de inovação em que se insere um problema que se pretenda estudar.

Pode ser tentador posicionar a análise de um problema particular da economia da inovação (ou de uma caraterística do atual contexto tecnológico) numa de duas abordagens extremas. Uma dessas abordagens consiste numa «abertura excessiva», em que o sistema de inovação de referência não tem fronteiras e a análise se dispersa pela tentativa de tratar todas as informações disponíveis sobre todos os agentes, todas as dimensões e todas as interações inerentes a esse sistema e ao correspondente problema. A outra abordagem extrema corresponde a um «fecho» do sistema de inovação de referência num apertado compartimento parcelar e a concentração da análise do problema num número restrito de informações sobre um reduzido número de agentes, de dimensões e de relações. Qualquer destas duas abordagens é, por motivos diferentes, um obstáculo ao real entendimento da especificidade do problema (ou da caraterística do contexto tecnológico) que se pretenda analisar: no primeiro caso, a sobrevalorização de informações genéricas ou de caraterísticas estruturais não permite conhecer a natureza específica nem a força das fontes de mudança próprias do problema; no segundo caso, a sobrevalorização dos comportamentos individuais ou de dimensões parcelares não permite identificar a força nem o sentido da dinâmica potencial que está subjacente a esses comportamentos e ao problema a que tais comportamentos estão associados.

Qualquer destas situações extremas pode ser evitada através de uma «análise sistémica seletiva» do problema em estudo, construída com base em três passos destinados a: i) caraterizar os aspetos específicos desse problema; ii) delimitar o âmbito do respetivo sistema de inovação, configurando dois sistemas complementares com diferentes escalas: o sistema mais amplo, constituído por elementos direta e indiretamente relacionados com o problema, e o sistema mais restrito, que integra apenas elementos muito diretamente relacionados com o problema; iii) escolher as informações e os instrumentos que permitem estudar as relações entre a especificidade do problema e as transformações dinâmicas das duas escalas do respetivo sistema. Deste modo, a definição das fronteiras e da densidade do sistema em que se insere um problema de inovação contém também o diagnóstico a partir do qual se pode procurar conhecer os possíveis desenvolvimentos desse sistema e desse problema.

Este diagnóstico e as subsequentes análises prospetivas são interdisciplinares, pois é necessário recorrer a vários domínios científicos para se caraterizarem as dinâmicas das relações existentes entre múltiplos aspetos de diversas dimensões do problema em estudo. Pela acumulação substancial de conhecimentos sobre os mecanismos relacionados com a transformação dos sistemas biológicos, a teoria evolucionista é uma base importante da proposta consolidação da «análise sistémica seletiva». Embora a conceção evolucionista seja já parte integrante do «património epistemológico» da economia da inovação, são várias as vias que podem tornar mais expressiva e profícua esta integração.

Uma destas vias consiste em utilizar, de forma mais explícita e sistemática, os contributos de autores evolucionistas para se analisar o tipo de transformações (endógenas ou exógenas, lentas ou súbitas, graduais ou radicais) caraterísticas da dinâmica do problema que se pretenda estudar; um passo para concretizar esta via seria avaliar os contributos das abordagens *«darwinista»* e *«lamarckiana»*, referidas no primeiro capítulo, para o estudo de inovações, ou de sistemas de inovação, com caraterísticas diferentes. Os desenvolvimentos da análise sobre os problemas específicos da economia da inovação, ou sobre caraterísticas do atual contexto tecnológico, aparecem, portanto, associados à intensificação do relacionamento da teoria económica, como sistema aberto de conhecimentos que é, com outras disciplinas científicas. Por outro lado, uma vez que, como foi referido ao longo deste trabalho, o tratamento das relações analisadas em cada capítulo contribui também para esclarecer questões mais gerais da teoria económica, os desenvolvimentos da economia da inovação são ainda meios para consolidar conhecimentos sobre temas mais amplos da teoria económica.

Em síntese, os desenvolvimentos da economia da inovação podem promover a consolidação da ciência económica através de três contributos principais: i) aprofundando os conhecimentos sobre objetos específicos de estudo da própria economia da inovação: as relações entre inovação e atividade económica; ii) proporcionando um melhor esclarecimento de questões mais amplas da ciência económica que constituem problemas gerais em que se integram tais relações; iii) promovendo um maior diálogo com outras disciplinas científicas. A maior especialização de uma ciência (como a economia) através do aprofundamento de um domínio particular dessa ciência (como a economia da inovação) constitui, portanto, uma oportunidade, e não uma ameaça, para o alargamento e o desenvolvimento epistemológicos dessa ciência e desse domínio. Na realidade, é pouco consistente a ideia de que a consolidação de uma ciência se realiza através do seu fracionamento em conhecimentos mais elementares e isolados de outras ciências: a complementaridade entre a especialização e a abertura de uma ciência é um vetor nuclear do desenvolvimento dessa ciência.

BIBLIOGRAFIA

Amable, Bruno (2006), *Les Cinq Capitalismes. Diversité des systèmes* économiques *et sociaux dans la mondialisation*, Paris, Éditions du Seuil.

Amable, Bruno e **Guellec**, Dominique (1992), «Les théories de la croissance endogène», *Revue d'Économie Politique*, 102(3), pp. 313-377.

Archibugi, Daniele e **Coco**, Alberto (2005), «Measuring technological capabilities at the country level: a survey and a menu for choice», *Research Policy*, 34, pp. 175-194.

Archibugi, Daniele; **Denni**, Mario; **Filippetti**, Andrea (2009), «The technological capabilities of nations: The state of the art of synthetic indicators», *Technological Forecasting & Social Change*, 76, 917-931.

Cantwell, John (2005) «Innovation and Competitiveness», in *The Oxford Handbook of Innovation*, Fagerberg, Jan, Mowery, David C. e Nelson, Richard (eds.) Oxford, Oxford University Press, pp. 543-567.

Cerulli, Giovanni e **Filippetti**, Andrea (2012), «The complementary nature of technological capabilities: Measurement and robustness issues», *Technological Forecasting & Social Change*, doi: 10.1016/j.techfore.2011.12.002.

Cherchye, Laurens; **Moesen**, Willem; **Rogge**, Nicky; **van Puyenbroeck**, Tom (2011), «Constructing composite indicators with imprecise data: A proposal», *Expert Systems with Applications*, 38, 10940-10949.

Cooke, Philip (1998), «Introduction: origins of the concept», in *Regional Innovation Systems. The role of governances in a globalized world*, Braczyk, H-J.; Cooke, P. e Heidenreich, M. (eds.), London, University College London Press, pp. 2-25.

Coombs, R., **Saviotti**, P. e **Walsh**, V. (1987), *Economics and Technological Change*, Londres, Macmillan Education.

Coriat, Benjamin e **Weinstein**, Olivier (2002), «Organizations, firms and institutions in the generation of innovation», Research Policy, 31, 273-290.

Davies, Stephen (1979), *The Diffusion of Process Innovations*, Cambridge, Londres, Nova Iorque, Melbourne, Cambridge University Press.

Doloreux, David e **Parto**, Saeed (2005), «Regional innovation systems: current discourse and unresolved issues», Technology in Society, Volume 27, Issue 2, 133-153.

European Commission (2011), *Innovation Union Scoreboard (IUS) 2010 – The Innovation Union's performance scoreboard for Research and Innovation*, PRO INNO Europe, Paper n° 18, < http://www.proinno-europe.eu/metrics> Ac. em 28 de junho de 2011.

European Commission (2016), European Innovation Scoreboard 2016, http://ec.europa.eu/growth/industry/innovation/facts-figures/scoreboards/index_en.htm, Ac. em 12 de janeiro de 2017.

Evangelista, Rinaldo; **Iammarino**, Simona; **Mastrostefano**, Valeria; **Silvani**, Alberto (2001), «Measuring the regional dimension of innovation. Lessons from the Italian Innovation Survey», Technovation, 21, pp. 733-745.

Fagerberg, Jan e **Godinho**, Manuel M. (2005) «Innovation and Catching-up», in *The Oxford Handbook of Innovation*, Fagerberg, Jan, Mowery, David C. e Nelson, Richard (eds.) Oxford, Oxford University Press, pp. 514-542.

Feldman, Maryann e **Desrochers**, Pierre (2003), «Research Universities and Local Economic Development: Lessons from the History of the Johns Hopkins University», Industry and Innovation, Volume 10, Number 1, 5-24.

Florida, Richard (2002), *The Rise of the Creative Class, And How It's Transforming Work, Leisure, Community and Everyday Life*, Nova Iorque, Basic Books.

Freeman, Chris (2002), «Continental, national and sub-national innovation systems — complementary and economic growth», Research Policy, 31, 191-211.

Freeman, Chris e **Louçã**, Francisco (2004), *Ciclos e crises no capitalismo global: das revoluções industriais à revolução da informação*, Porto, Edições Afrontamento.

Freeman, Chris e **Soete**, Luc (2000), *The Economics of Industrial Innovation*, Londres, Continuum.

Garavaglia, Christian (2010), «Modelling industrial dynamics with "History-friendly" simulations», *Structural Change and Economic Dynamics*, 21, 258-275.

Greunz, Lydia (2004), «Industrial structure and innovation — evidence from European regions», *Journal of Evolutionary Economics*, 14, 563-592.

Grupp, Hariolf e **Schubert**, Torben (2010), «Review and new evidence on composite innovation indicators for evaluating national performance», *Research Policy*, 39, 67-78.

Hicks, John R. (1966), *The Theory of Wages*, Londres, Macmillan Press, Nova Iorque, Martin's Press.

Hodgson, Geoffrey M. **e Knudsen**, Thorbjorn (2010), Darwin's Conjecture. The Search for General Principles of Social and Economic Evolution, Chicago e Londres, The University of Chicago Press.

Kennedy, Charles (1964), «Induced bias in innovation and the theory of distribution», *The Economic Journal*, Vol. 74, September, pp. 541-547.

Lipsey, Richard G. e **Carlaw**, Kenneth (2000), «Technology Policy: Basic Concepts», in A *Struturalist Assessment of Technology Policies – Taking Schumpeter Seriously on Policy*, Chapter 1, Ontario, Industry Canada Research Publications Program, Working Paper Number 25, outubro 1998, pp. 1-33, reeditado in *Systems of Innovation: Growth, Competitiveness and Employment*, Volume II, Edquist, Charles e Mckelvey, Maureen (ed.s), Cheltenham, Edward Elgar Publishing Limited, pp. 421-455.

Malerba, Franco; **Nelson**, Richard; **Orsenigo**, Luigi e **Winter**, Sidney (2001), «Competition and industrial policies in a "history friendly" model of the evolution of the computer industry», *International Journal of Industrial Organization*, 19, 635-664.

Martinet, Alain-Charles (1983), Stratégie, Paris, Librairie Vuibert.

Metcalfe, J. S. (2000), «Science Policy and Technology Policy in a Competitive Economy», *International Journal of Social Economics*, 24 (7/8/9), 1997, pp. 723-740, reeditado in *Systems of Innovation: Growth, Competitiveness and Employment*, Volume II, Edquist, Charles e Mckelvey, Maureen (ed.s), Cheltenham, Edward Elgar Publishing Limited, pp. 403-420.

Miles, Ian (2005), «Innovation in Services» in *The Oxford Handbook of Innovation*, Fagerberg, Jan, Mowery, David C. e Nelson, Richard (eds.) Oxford, Oxford University Press, pp. 433-458.

Mowery, David (1995), «The Practice of Technology Policy», in *Handbook of the Economics of Innovation and Technological Change*, Stoneman, Paul (ed.), Oxford, Blackwell Publishers Ltd, pp. 513-557.

Nelson, Richard R. e **Winter**, Sidney G. (1982), *An Evolutionary Theory of Economic Change*, Cambridge, Harvard University Press.

Ohmae, Kenichi (1995), *The End of the Nation State. The Rise of Regional Economies*, London, HarperCollins.

Pavitt, K. (1990), «Sectoral Patterns of Technical Change: Towards a Taxonomy and a Theory», *Research Policy*, 13 (6), 1984, pp. 343-373, reeditado in *The Economics of Innovation*, Freeman, Christopher (ed.), Aldershot, Edward Elgar Publishing Limited, pp. 249-279.

Pianta, Mario (2005), «Innovation and Employment», in *The Oxford Handbook of Innovation*, Fagerberg, Jan, Mowery, David C. e Nelson, Richard (eds.) Oxford, Oxford University Press, pp. 568-598.

Porter, Michael E. (1990), *The Competitive Advantage of Nations*, Nova Iorque, The Free Press.

Posner, M. V. (1961), «International trade and technical change», *Oxford Economic Papers*, vol. 13, pp. 323-341.

Powell, Walter W. e **Grodal**, Stine (2005) «Networks of Innovators», in *The Oxford Handbook of Innovation*, Fagerberg, Jan, Mowery, David C. e Nelson, Richard (eds.) Oxford, Oxford University Press, pp. 56-85.

Programa das Nações Unidas para o Desenvolvimento (2001), *Relatório do Desenvolvimento Humano 2001. Novas tecnologias e desenvolvimento humano*, Lisboa, Trinova Editora.

Ricardo, David (1817; 1978), *Princípios de economia política e de tributação*, Lisboa, Fundação Calouste Gulbenkian.

Salter, W. E. G. (1969), *Productivity and Technical Change*, Cambridge, Cambridge University Press.

Schumpeter, Joseph A. (1934 [1911]; 1968), *The Theory of Economic Development: an inquiry into profits, capital, credit, interest, and the business cycle*, Cambridge, Mass, Harvard University Press.

Schumpeter, Joseph A. (1939; 1982), *Business Cycles. A theoretical, historical, and statistical analysis of the capitalist process*, Volume I, Philadelphia, Porcupine Press.

Schumpeter, Joseph A. (1942; 1970), *Capitalism, Socialism and Democracy*, London, George Allen & Unwin.

Smith, Adam (1776; 1979), *An Inquiry into the Nature and Causes of the Wealth of Nations*, Volume I, Oxford, Clarendon Press.

Smith, Keith (1991), «Innovation Policy in an Evolutionary Context», in *Evolutionary Theories of Economic and Technological Change: Presente Status and Future Prospects*, Saviotti, P. P. e Metcalfe, J. S. (eds.), Reading, Harwood Academic Publishers, pp. 256-275.

Smith, Keith (2005), «Measuring Innovation», in *The Oxford Handbook of Innovation*, Fagerberg, Jan, Mowery, David C. e Nelson, Richard (eds.) Oxford, Oxford University Press, pp. 148-177.

Storper, Michael (1997), *The Regional World. Territorial Development in a Global Economy*, Nova Iorque, The Guilford Press.

van der Panne, Gerben (2004), «Agglomeration externalities: Marshall versus Jacobs», Journal of Evolutionary Economics, 14, 593-604.

Vernon, Raymond (1966), «International investment and international trade in the product cycle», *Quarterly Journal of Economics*, vol. 80, pp. 190-207.

www.ingramcontent.com/pod-product-compliance
Lightning Source LLC
Chambersburg PA
CBHW070547090426
42735CB00013B/3090